精英的
高效工作法

自分のやりたいことを全部最速でかなえるメソッド高速仕事術

［日］上冈正明◎著　　刘海燕◎译

中国科学技术出版社
·北 京·

Original Japanese title: JIBUN NO YARITAIKOTO WO ZENBU SAISOKU DE
KANAERU METHOD KOSOKU SHIGOTOJUTSU
Copyright © Masaaki Kamioka 2021
Original Japanese edition published by Ascom, Inc.
Simplified Chinese translation rights arranged with Ascom, Inc.
through The English Agency (Japan) Ltd. and Shanghai To-Asia Culture Co., Ltd.
Simplified Chinese translation copyright © 2022 by China Science and Technology Press
Co., Ltd.

北京市版权局著作权合同登记 图字：01-2022-3023。

图书在版编目（CIP）数据

精英的高效工作法 /（日）上冈正明著；刘海燕译
. — 北京：中国科学技术出版社，2023.1
ISBN 978-7-5046-9824-7

Ⅰ .①精… Ⅱ .①上… ②刘… Ⅲ .①工作方法—通
俗读物 Ⅳ .① B026-49

中国版本图书馆 CIP 数据核字（2022）第 201564 号

策划编辑	赵　霞	责任编辑	孙倩倩
封面设计	创研设	版式设计	蚂蚁设计
责任校对	焦　宁	责任印制	李晓霖

出　　版	中国科学技术出版社
发　　行	中国科学技术出版社有限公司发行部
地　　址	北京市海淀区中关村南大街 16 号
邮　　编	100081
发行电话	010-62173865
传　　真	010-62173081
网　　址	http://www.cspbooks.com.cn

开　　本	880mm×1230mm　1/32
字　　数	108 千字
印　　张	6.75
版　　次	2023 年 1 月第 1 版
印　　次	2023 年 1 月第 1 次印刷
印　　刷	北京盛通印刷股份有限公司
书　　号	ISBN 978-7-5046-9824-7/B·116
定　　价	59.00 元

做想做的事，做喜欢的事

关于此类书籍很多，但能提供具体案例、详细教授如何实现这一点的书，却意外地少。

本书会向你倾囊相授，告诉你如何达到目的。

人的一生比想象中的要短。

嘴上说着要做好准备、要存够钱的时候，时间就悄然溜走了。

要想有所改变，只能趁现在！

"确定一个小目标"

"提升短时间内的专注力"

"培养时间意识（决定结束时间）"

"'输入'必须有'输出'与之相对应"

"迅速改进、多次'输出'"

高效工作法以这些方法来最大化提升速度、专注力、效率，在短时间内大幅提升技能。

请先检查以下项目。

- 每天加班

- 无法专注工作

- 花了时间却未见成果

- 忙于回邮件、杂务、会议

- 工作不开心，没有激情和动力

- 想要获得提升技能的时间

- 读书、学习却记不住

- 担心将来被辞退

- 想要胜人一筹

- 想开始做副业

- 想独立、想创业

- 想要有前途的新履历

- 想在短时间内取得资格证

- 想要打造自己的强项

- 想赚取更多财富

如果你想达到以上任意一项，你可能就需要高效工作法。

高效工作法可以将以上问题全部打包解决。

循环实践高效工作法3天、3个月、3年！

一旦开始用上高效工作法……

为什么高效工作法拥有如此神奇的能量？

因为，**高效工作法高度发挥脑科学的作用，是符合人类特性的、能激发最大效果的方法。**

理解大脑特性，了解如何最大限度发挥大脑能力的方法后，**任何人都能提升工作效率。**

我是这样说的，也是这样做的。我思考、实践高效工作法，**成功获得了"编剧""经商者""投资家""工商管理硕士（MBA）""脑科学家""油管网（YouTube）博主"等各种履历。**

仅3天，我成了"商业人士"，3个月后我便熟悉了如何经营，成功完成了一个大项目。作为"投资家"，3个月后赚取了稳定的利润，3年后积累了过亿日元^①的财富。

我在操持主业的间隙，还能以"脑科学家"的身份活跃，也是因为我的工作能力经由高效工作法取得了巨大提升。最近，我又开始使用油管网，并达成了3个月4万粉丝、5个月6万粉丝的成就。

我原先就是个什么都不懂的门外汉，是从零起步的。

可是，**3个月后我就拥有了那些头衔，3年后成了那些领域的佼佼者。**

一切都得益于高效工作法。

高效工作法不止可以丰富履历，还能提高日常工作的速度，对提高工作能力非常有效。

如果你：

———————————

① 1日元≈0.05元。——译者注

想从繁忙的工作中获得解放。

想要获得更自由的时间。

想要掌握新技能。

想要开发副业，更新并丰富履历。

那么，高效工作法一定是一个可靠的方法。

高效工作法与以往工作方法的区别在于两点。

第一点，高效工作法是"聚焦一件事情"的方法。以往，职场人士常常无法专注于一件事。

为了完成某个目标，需要排除杂念，搁置无关工作，只全力专注于要达成的目标任务。

我把这种能力称为"专注力"。

要提升专注力，就要像之前说的那样：

确定一个最终目标后，设下若干小目标。

提升短期内的专注力。

培养时间意识（决定结束时间）。

第二点，让**"输入（Input）—输出（Output）—改进（Kaizen^①）"过程快速循环**。

我取它们的第一个字母组合成一个名称**"IOK高效循环"**。

所有的工作都会在"输入—输出—改进"这一过程中循环前进。然而，若按以往的工作方法，绝大多数人都不会在这个循环过程中取得成果。

输入（信息收集）如果不能成为输出（行动）的助力，就不会取得成果。而高效工作法以**"输入（信息收集）必用于输出（行动）""立刻改进，多次输出（行动）"**为原则，能防止工作停滞，快速接近最终目标。

---

① 改进，日语单词读音为Kaizen。——译者注

你也快使用高效工作法来收获理想的人生吧！

目录

☑ 未来推崇的是"个性之力"

新冠肺炎疫情给我的工作方式带来了莫大的变化。众多企业采用了远程工作（teleworking）的方式，很多人对未来的工作方式会感到不安，或者期待吧。

今后，可以预见人工智能（AI）等手段会进一步飞跃式发展进化。在并不遥远的未来，职场人士的很多工作或许会被AI取代。

经历着过渡期的我们每一个人，现在必须立刻进行"工作方式改革"了。

之所以这么说，是因为若要在后疫情时代生存下来，就要考虑如何加强"个性之力"。

把人生托付于企业过一辈子的时代，已经走入了尾声。

终身雇佣制早就崩溃了。身无一技之长的大龄人士不幸大部分都进入了裁员名单。而还留在企业中的人，其个人技能、工作能力也遭受了更为严格的审视。

2020年，日本电通集团与员工签订兼职合同①一事，引起了社会的广泛讨论。

现在已经出现了很多跨机构的、基于某个项目平台的、只需个体与个体对接的工作，这样看来，我们在工作时也是可以将创业、自由职业、副业等顺势考虑一下的。

也就是说，**现在每个人都在被问"你能做什么"。安分遵从上司的指令，耀武扬威支使下属的时代已然过去。**你若还坚持以往那种习惯，无论何时都是无法提升"个性之力"的。

虽说如此，每天被大量工作压迫，没有自由的时间，也没有提升自己能力的时间的人还是占大多数吧。

那么，怎么做才好呢？

———————

① 电通集团（Dentsu Group）是日本最大的广告与传播集团之一。成立于1901年，总部位于东京。2020年11月，电通集团发布《员工兼职制度》，要求40周岁以上的员工与集团签订业务委托合同，以兼职的形式继续工作。有专家认为，电通集团与员工签订兼职合同是一种变相的解雇形式。——译者注

我可以为各位提供一个武器。

请从今天开始使用高效工作法。

高效工作法可以让人持续保持高度专注力，大幅提高完成工作的速度。它能让你取得瞠目结舌的成果，大力提升你的"个性之力"。

☑ 我用高效工作法逐一延续了"个性之力"

之前说过，我一边经营着包括咨询公司在内的3家集团公司，一边还以股票投资者、房地产投资者、5个月拥有6万粉丝的油管网博主的身份活跃着，过着充实的每一天。

此外，我还取得了研究生院的工商管理硕士学位，一边研究脑科学及心理学，一边作为大学讲师教授知识，积累了跨多种职业、多个领域的丰富履历。

可能你会认为我在炫耀，但其实不是。

我自幼失恃（母亲去世），之后辗转多位亲戚家，如此这般度日。大学中途退学后又一度沦为只能打零工的人，人生真的很是落魄。

如果那时我自暴自弃，不重新调整工作及学习方法，那么我的人生还会一路落魄下去，自己也会成为被裁员的对象吧。

换个角度来说，**我当时是从坑底往上爬，要想逆风翻盘，只能快速完成所有工作。**

幸运的是，现在即使有一项工作失败，我还有其他可供选择的很多工作，一生都不用烦恼生存问题。

为什么我可以在繁忙的经营管理的间隙里，达成这么丰富的履历呢？

那只能说是因为我忠实地践行了高效工作法。

接下来为大家介绍的高效工作法，是我20岁左右偶然以编剧身份活跃时编写的方法（我在成为经商者之前是《天才·武的动感节目！！》及《波吉布拉天堂》[①]等节目的编剧）。

之后，我为了把它也应用到在经营、投资等各种领域，又从脑科学视角进行改进，才打磨出了本书要介绍的

---

① 这两个节目的日语名称分别是《天才·たけしの元気が出るテレビ！！》《ボキャブラ天国》。——译者注

高效工作法。

我之所以能在繁忙商务工作之外的一点闲暇时间，积累如此丰富的履历，就是因为高效工作法是以最快的速度达成目标的方法之一。

经商者中有很多人认为，自己只需要做好0到1这一步，剩下的99步交给别人来做就行了。

别人认为那是高效的做法，我不这样认为。我是那种从0到100步，全部要由自己来完成的人。得益于此，我掌握了多种技能，成功积累了众多履历。然而，要将0到100步全部完成，必须专注且快速地完成工作。就这样，高效工作法应运而生。

☑ 如何专注于一份工作？

为了快速完成工作，达成目标，就必须全力专注于那份工作。能力卓越的精英骨干在对事物的专注力方面都表现得很优秀。

2012年印第安纳大学以63万人为对象，就创业者、政治家、艺术家等类别调查了能力极为卓越的人的群体特征。结果显示，精英骨干的工作能力是常人的4倍以上。

为什么他们能取得常人4倍以上的成果呢？

虽然可以把这个原因简单归结于"才干"，但实际上
却是因为精英骨干最大限度地使用了大脑功能，无意识地
运用了高效工作法。

具体来说，**精英骨干只专注埋头自己要做的事情，搁
置除此之外的其他工作，甚至选择根本不做。**

为什么他们选择不做呢？因为，他们一旦要做就要看
到成果。

根据统计学的帕累托法则，**工作成果中仅占两成的部
分决定了另外八成的部分，**即另外八成工作是徒劳空耗的

无意义的时间。精英骨干因为熟知这一点，便只在这两成上全力专注，这才收获了常人4倍以上的成果。

高效工作法是将这样的精英骨干的工作方法，分解为我们都能采用的体系化的方法。

即使所获成果没有他们那么多，我们通过使用高效工作法也能够跟他们保持一样的工作方式，自己的专注力也会自动获得提高。

☑ 改变输入（信息收集）的意识吧！

但是，不管如何提高专注力，朝向目标终点的路若选错了方向，便会损失惨重。

要到达你想达到的最终目标，就要设定一个个小目标，并逐一完成。不管怎样，必须得输出（行动）。**只要付出行动，就可以改变你的现实生活。**

说得极端一点，只要一直坚持输出（行动），能用最短的时间到达最终目标的话，也许就不需要输入（信息收集）了吧。

事实上，这是高效工作法的另一个要点。

很多研究者没有在企业的工作经历，也没有做过实业，但他们都会强调"输入（信息收集）"的重要性。

输入（信息收集）确实重要。但是，我感觉太多人做的是无效输入（信息收集）。

因为输入（信息收集）很重要，所以很多人就胡乱阅读商务类书籍，参加研讨会，在提高工作能力这一问题上走了很多弯路。失去目的的输入（信息收集）是没有意义的。因为，**输入（信息收集）是问题或课题出现时才有必要去做的事情。**

首先，输出（行动）→出现问题或课题→这才需要输入（信息收集）。

例如，我想今天开始做一个油管网博主，5个月积累6万粉丝。

然后，我若思考用何种方法可以增加我的粉丝数量而去输入（信息收集），这件事就是毫无意义的。因为我那时还没有真正成为一个油管网的博主。

正确的做法是：先开一个油管网账号→拍摄视频→上传视频，才有机会发现粉丝数不涨的问题。此时，我们明确了输入（信息收集）的对象，才可以为了成长或成功正式收集信息。

不这样做，工作就无法推进。

在信息不足的情况下输出（行动），就有可能遭遇失败。

然而，用高效工作法可以形成逆向思维。失败快速反复地出现，会让输入（信息收集）快速累积。若失败了，便可立刻找到符合条件的输入（信息收集），以便快速修正。

高效工作法，能将失败与壁垒等不利条件化为己用。

像这样的输入（信息收集）—输出（行动）—改进三个环节的快速循环，我称为"IOK高效循环"。

提高专注力，推动"IOK高效循环"。高效工作法的原则只有这两点。虽然简单，但令人意外的是，现实中很多人真的很难做到。

☑ 无论我们多少岁，都可以锻炼大脑

道理谁都懂，但可能很多人还是会反驳我，因为做不到，工作效率才低。

然而，没关系。你只要记得"提升专注力，运转'IOK高效循环'"，接下来径直遵循本书介绍的方法即可。

你的大脑还在继续发育。

不管你现在多大年龄。

介绍一下这种说法的科学依据吧。

早前，人们普遍认为大脑发育止于10来岁，到20岁左右封顶，之后机能逐渐衰退。大脑的神经细胞（又称神经元）会逐渐死去，无法再生。

然而，最新的脑科学颠覆了这一观点。

你知道"大脑的突触可塑性"吗？可塑性，指的是"变化的能力"。

成年人的大脑有120亿~140亿个神经细胞。神经细胞与神经细胞之间以一种被称为"突触"的凸起状物质联结，通过传送神经物质进行信息交换。神经网络如同电子回路一般遍布大脑内部，信息作为信号完成瞬时交换，我们才能思考、记忆、活动身体。

这种突触数量越多、体型越大，信息传递的速度就越快。

也就是说，越锻炼突触，思考能力和记忆能力就越能获得提升。

令人惊讶的是，最近出现了一种说法，**突触的数量增长及体型增大与人的年龄无关，而与新经验与新体验有关**。神经学家埃里克·坎德尔（Eric R. Kandel）用科学证明了神经网络可以自我增长，这项研究获得了2000年诺贝尔生理学或医学奖。

此外，德国汉堡大学的波古博士做了一个实验，将50名平均年龄60岁的人分为"练习杂耍式接抛球3个月的组"和"不练习的组"。3个月后对他们进行测试，发现练习组组员的大脑中负责动态视力的部分增长了近4%的厚度。

这意味着什么？意味着**不管多少岁，只要给予大脑一定的刺激，大脑就可能继续发育生长！**

要提升专注力，推进"IOK高效循环"，我们需要用一些新体验、新事物给予大脑一定的新鲜刺激。

然后，大脑突触的数量会增长，体型会增粗变大，信息传递的速度也会变快。

结果就是，无论我们年龄多大，只要持续给予大脑适度的刺激，就可能促进大脑继续发育成长，而我们的工作能力与创造想象力自然也会得到提升。

☑ 掌握可受用一生的"技能"

高效工作法以"高效时间挑战法""90分钟×3工作法""'单线任务'专注法""高效读书法""超级专注力笔记"为主要方法，它们都是能对大脑产生良性刺激、锻炼大脑的方法。

一般情况下，要最大限度地发挥工作积极性，最好给予大脑4%程度负荷量的刺激。这种程度的刺激正好相当于打主机游戏时大脑承担的负荷量。

比如说，玩《超级马里奥兄弟》时，若你能一击即中的话，就无法继续沉浸地玩下去了。这个游戏比较简单，较难的地方就是一些台阶，你只需重复三四次，就可消除障碍或吃掉宝物。正因为该游戏是这样的难度，所以才能引人沉醉其中。

同样地，高效工作法因为难易度正合适，才能让人像投入游戏一样投入工作。

因此，它才能让人轻松开始，并像玩游戏一样持续下去。

像沉迷游戏一样全身心投入其中的话，大脑就会分泌多巴胺。多巴胺又被称为"成功者物质"，是一种神经传导物质。这种物质能让人越来越专注工作，在达成目标后，人也会感到更快乐。

本书还讲授了其他很多种高效提升工作的方法。读了本书之后，你很快就能理解怎么掌握高效工作法了。

只要你尝试坚持3天，马上就能真切感受到这个方法的能量。工作能够迅速完成，其高效性能让自己大吃一惊。

开始一项新事业的人，能坚持3天的话，就能在这个领域开启成就（就能踏入这个领域的门槛）。我的"作家""油管网博主""经商者"，还有被电视台及日本经济新闻社采访的"投资家"等身份，都是3天达成的。若凡事拖拖拉拉，浪费于无效输入（信息收集）的话，是做不到这些的。

然后，只要坚持3个月，就会像之前汉堡大学的研究那样，你的大脑会发生颠覆性变化。

不管是什么工作，只要坚持3个月，就能收获各种或成功或失败的经验。**历经这些体验，或吸收或克服它们之后，你就掌握了可受益一生的"武器"，还可以积累新的履历。**

还有就是，能坚持3个月，就可能坚持3年。坚持3年，你就能经得起时代变化、经济起伏等各类变动。

涉足投资家领域后，我在3年后成了积累了1亿日元财富的专业人士。忠实地坚持高效工作法，遇到雷曼事件[1]也能岿然不动，这都是因为我已经切实学会了受惠一生的

---

[1] 2008年，美国投资银行雷曼兄弟由于投资失利，在谈判收购失败后宣布申请破产保护，引发了全球经济危机。——译者注

技能。即使碰上新冠肺炎疫情，有了高效工作法，我们也不用害怕。

我的书不是写给一部分特定人群的。

就像开头提到的那样，我在学生时代属于拖后腿型的人。初中曾经考试不及格，高中毕业后没考上心仪的大学。我因自己一事无成而自我嫌弃时，是高效工作法救了我。

有件事直到现在我都难以忘记。那时，我作为实习编剧进入电视台，有样学样地开始进行脚本创作［输出（行动）］，在一边反复试错［输入（信息收集）］，一边不断修改、精进后，得知自己的作品被采用时，那一刻的喜悦简直无法形容。

那时，我的多巴胺特别活跃。之后我会详细说明。给予适度的刺激，坚持输出（行动），会让大脑的多巴胺保持活力。许多经商者喜欢铁人三项和帆船运动，应该也不是偶然的。

高效工作法的实践方式体系化了之后，只要定下目标，并朝着它一点点努力靠近，就像打游戏一样会沉浸其间，之后再注意推动"IOK高效循环"，成功的事例便会纷至沓来。

说做就做。万事开头〔输出（行动）〕难。一切取决于做不做。

你决定了要做的话，我就会全力支持你。我会把你当作准备从挫折中振作起来的、当时还是实习编剧的年轻的我那样，全力支持你的。

希望高效工作法能改变你3天后、3个月后、3年后的人生。

第一章

_____

为什么使用高效工作法后，会获得立竿见影的成果？

CHAPTER 1 _____

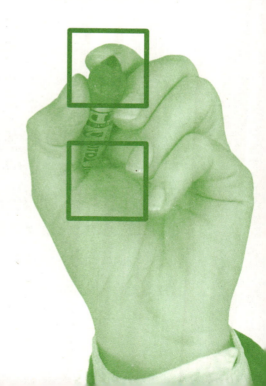

"磨刀不误砍柴工" 的高效工作法

☑ 不能成为 "只学不做的方法达人"

在为大家介绍高速工作法的具体内容之前，我想先在这一章解释一下，使用高速工作法为何能提升工作效率，获得成长，实现梦想，赢得成功。

理解了这个前提，就能大致知晓自己怎样去获得提升了。

事实上，提前了解这一点非常重要。

我们的目的不是 "成为方法达人"。说得再清楚些就是，即使我们提高了工作效率，也无法提升任务攻坚能力。

所以，**制定目标，然后努力去完成它，才该是被放在第一位的**。我们应该记住，一切都应该以此为目的，而 "成为方法达人" 本身并非目的。

些烦恼，又开始去寻找别的方法。

这样一来，便真的是本末倒置。收集的方法窍门只是增加了思考上的噪声。

无论学习哪种技巧，喜欢拖延的人总是容易拖延。这与各类方法无关，而是因为他们没有强化"立刻执行"的意识。

那么，如何做到"立刻执行"呢？

答案很简单，就是立刻"执行"。先是不要害怕失败，抱着体验失败的想法直接去做就好。

这样说的话可能有人真的会损失惨重，彻底失败。因此，比起高效工作法的具体窍门技巧，我才希望大家先了解把握高效工作法的全貌。

明明你很努力，但做事慢，这是有原因的

☑ 工作是"输入（信息收集）—输出（行动）—改进"的循环

高效工作法是由输入（信息收集）—输出（行动）—改进三个环节循环推进的工作方法。

可能有人看到这里，觉得不好理解，就不想再思考下去了。实际上一点也不难。你在工作时肯定也会不停经历以上三个环节的。

比如说，假设一周后，你需要完成一份新商品的企划书。你第一次做企划书，之前没有经验。

你会怎么做呢？你或许会查阅之前相似的企划案例，或许会找一些讲授企划书写法的书来学习。这些都是"输入（信息收集）"。之后，你还可能开始写企划，做"输

出（行动）"，再听取上司的意见进行"改进"。

我只是举了一个简单的例子，但**很多工作都是在"输入（信息收集）—输出（行动）—改进"的循环下推进的。**

也就是说，要想提高工作效率，你就要让这三个环节用最快的速度加以实现，可以的话，三者同时推进。

工作效率低的人，大多是在输入（信息收集）阶段浪费了很多不必要的时间。去查找如何写企划书时，你会发现各类人士会从各种途径切入解说。而选项增多，就不知道到底哪样适合自己，会产生不知如何决定的犹豫迷惘。从结果来看，也会连累到"输出（行动）"阶段，造成时间上的浪费。

很多工作效率低的人都是完美主义者，想着靠一次输出（行动）达到100分的效果。因此，便显得做事慢、效率低下了。

只是，因为所有的过程都有个"改进"的环节，所以与其从一开始便争取拿100分，不如努力输出（行动）拿到60分，在上司的建议或下一阶段的输入（信息收集）下，再争取提升到100分。

这样一来，兀自烦恼的时间就会减少，工作也能快速完成。

像这样，**保持"输入（信息收集）—输出（行动）—改进"高效循环的这种意识，我将其称为"IOK高效循环"。**

如果你烦恼自己的工作效率低，就应该经常保持"IOK高效循环"的意识。

☑ 取得成果的必要条件的"专注力"究竟是什么？

我工作的咨询业界需要超乎寻常的工作效率。为了满足客户需求，需要收集准确的信息，提供最合适的应对方案，并立刻应用实践。一旦错过时机，就无法达到最佳工作效果。

咨询项目多为两三个月的短期集中型项目，所以**工作效率低、速度慢就是致命伤，在客户那里就会丧失信用。**

因此，和其他职业相比，咨询是一种对速度要求很高的工作。

我们必须以最快的速度进行"IOK高效循环"。此时最重要的就是贯彻"不做多余的事，不做现在可做可不做的事"。**要专注最重要的事，抛弃细枝末节，这种觉悟最为重要。**

例如，我接到关于新商品或新事业的咨询时，会向客户听取课题现状及预期目标，拟订关于"面向谁""用怎样的手法""怎么传递"的对策方案。

此时，我可以考虑电视、广播、报纸、杂志、微博、社交平台、举办活动、记者会、书籍出版等众多途径。

经验不足者在这时会容易掉进一种陷阱，他们不再聚焦终点目标，而是像无头苍蝇一样"输入（信息收集）"。

再加上完美主义者在收集信息时，会将时间浪费在各大平台中，悲剧性地白白消耗时间。

时间是有限的。输入（信息收集）能增加安全感，一直在浪费时间的话，就无法获得成果了。

所以我们就需要一种方法，能让我们尽早看清最终目标，能让我们在试错中不断改进，同时还能专注目标靶心。

例如，如果我们要看清的最终目标是"面向20岁左右的女性进行销售"，那就得集中专攻社交平台，深入收集相关领域的信息，以最快的速度输出（行动）。这样做能帮助你和你的公司甩开竞争对手一大截，与他们拉开差距。

专注一件事，并不断深耕，是我们提高工作效率，拓展工作成果的必要条件。

我把这种技能称为专注力。

专注于一点，让工作效率倍增

☑ 勤勉努力必有收获的时代已经结束了

对提升专注力最有用的当然是"经验"了。

只要经验不断累积，即便像过去那样的工作方式，也能逐步看清什么是最重要的事情。

可是，现在时代已经变了。悠然说着积累经验之类话的人，是会被时代所淘汰的。还有能力和余力以自身力量培养人才的，只剩一部分大型企业了吧。

像堀江贵文[①]说的那样，**在寿司店学10年，再成为寿**

① 堀江贵文是日本知名门户网站"活力门"（Livedoor）的前总经理。因长得跟哆啦A梦（Doraemon）相似，而被昵称为Horiemon。——译者注

司职人①**是毫无意义的**。

那么，该怎么办呢？

先改变想法吧。

我们要认识到，"勤勉努力"不一定出成效。事实上，勤勉努力的你收获了什么成果吗？很可惜，勤勉努力必有收获的时代已经结束了。

那么，应该如何思考呢？

把"耍滑"，把该偷懒时就"偷懒"视为美德吧。把其他工作搁置，只专注于一件事，可能会被人认为是偷懒耍滑。但这样其实也是可行的。

集中学习3个月的技能，就能学到专家级别。这样一想也挺好的。

---

① 职人，埋头钻研技艺，几十年如一日，为古老的传统手艺在现代社会生活中找到并注入新的活力的各行各业的佼佼者。有点类似于我国拥有某一门技艺或专门从事某一技术性工作的匠人。——译者注

☑ 无论如何只能立刻开始输出（行动）

那么，对于你来说，寿司职人培训学校在哪里呢？

没那种学校。**要想提高专注力，总之就要立刻进入输出（行动）的状态。**

工作无法获得成效的人肯定输出（行动）迟缓。尤其我常听说，有人的烦恼是在尝试挑战一份新工作时，因为不安而不敢采取行动。

确实，人们在想要开始一份"不熟悉的工作""难度较高的工作""创造性的工作"时，会因为担心自己不具有某些技能而不安，为消解这种不安而不断地重复输入（信息收集），结果迟迟不见行动。这种事较为常见。然而，**这才是工作效率低下的人容易陷入的最大误区。**

之所以这么说，是因为不输出（行动）这件事，真正重要的地方在于你不知道你要专注在哪里。

我在作为经商者踏出第一步之前，就很恐惧失败，当时一直非常不安。

"明明没有从商的经验，做这个没关系吗？"

"要不要先学一下法人税？"

"要不要找到客户目标后再开业，这样比较安全？"

"本来就在咨询方面是门外汉，只凭着做这一行有价值这个理由，就开始创业了，真的没关系吗？要不要先找份工作积累经验？"

我听过很多类似的话。

但是，不经意间回头看一下自己的履历，发现**曾经毫无经验的我，能当上编剧，多亏了自己不停地积极地输出（行动）**。相信有这份成功经验的我，才在之后的一系列举措中下定了决心。

是做，还是不做。做好最坏的打算，我选择了"做"。虽然匆忙上阵，我还是下定决心创业了。

创业过后就是不停地失败。但即使是准备充分后再开始，结果也是一样的。

所以，你比别人早点经历失败就好了。

失败后查找原因，再做相应的调整和改动。

于是，令我感到不可思议的是，我后来发现创业前担心的事都是杞人忧天。而且，创业前看不清的、应该专注的地方，之后反而看清了。

行动也就是输出，我们尝试做这些的时候，肯定会碰

上难题。面对这些难题，只能先行动了再说。

可以说，哪样工作都是这样的。看不清最终目标的人，就在输入（信息收集）之前开始行动吧。

工作开始时就要设定好行动目的

☑ 我首次运用高效工作法取得成果的工作

我先介绍一下自己首次用高效工作法的小故事。

那时我19岁。那时的我还曾懵懂地抱有一个作家之梦。

当时，我在看了憧憬的作家的经历后，发现像秋元康[①]一样的编剧作家还不少，就决心踏入这一领域，去当一个编剧了。

我当时一直专注于做编剧。

当时什么都不会的自己，一边上学，一边进出电视节目制作公司。我没有经验和实绩，最开始是在风靡一时的综艺节目做助理导演，每天过得很辛苦。

———————

① 秋元康，日本著名编剧、作词家。——编者注

进入电视业界数月后，我因为编剧事业一无所成而焦虑不已。**我知道，必须开始行动起来。**

于是，某天节目结束的深夜，原本常常因筋疲力尽而和衣睡去的我，在没有向任何人请教的情况下，开始写起了脚本。我迅速开始了输出（行动）。

然而，因为找不到人请教，不知如何下笔，我立刻就碰壁了。

那时，我便捡了电视台垃圾箱里的很多脚本，一页页地看。"原来如此，原来要这样写！"就这样，我像海绵吸水一样，一点点地摸索，吸收着各种知识。

熬了一晚上，我马上把写好的脚本递交了导演请他指点，却被他以"节目用不上"为理由拒绝了。尽管如此，他仍然肯定了我的输出（行动），仔细告诉我哪里写得好，哪里写得不好。

以那份输入（信息收集）为参考，我不断地改进企划书和脚本的创作内容。我还购买了当时较为昂贵的IBM电脑，费工夫去制作别人懒得做的、更具设计感的优秀企划方案。

然后，从第一份脚本开启尝试的3个月后，我的企划书终于通过了！

时至今日，那股振奋感还让我记忆犹新。

现在想来，**当时的我就是一个不停推动"IOK高效循环"的示例。我只盯着成为编剧这个目标，然后迅速开展行动。**

开始写脚本，也就是开始输出（行动）后，每次我遇到难题或其他问题，再通过输入（信息收集）来进行改进，最终我终于获得了成效，进入了编剧的行列。

在那之后，我凭着积累下来的履历成了经商者。我意识到高效工作法适用于所有工作，便先应用到自家公司的员工教育及实际咨询上，并不断改进它。

现在，不管是经营上，还是投资上，不管是油管网内容发布上，还是每日的创作工作上，我都常常记得用"IOK高效循环"。

☑ 行动的目的一旦定下就要专注

目前，我相信大家对于高效工作法的主要内容有所了解了。

在我的例子中，有着成为"编剧"这样一个明确的目的。因此，之后我就开始朝着这个目的不断前行。

开始某项新事业时，如果能拥有像这样明确的目的，人就能朝着那个目标专注前行。

你知道彩色公交车这个心理学知识吗？

比如说，如果你听到清晨的新闻节目说幸运色是红色，那么平常完全不会在意的消防车、枫叶，仿佛一下子浮现在眼前。走在街上也会无意识地去看红色的东西。

我当时在手账上写下"成为编剧""成为畅销书作家"，并且至少每天看一遍。

结果，彩色公交车的效应发挥作用了。我在别人没有留意到的垃圾箱里找到了可供参考的脚本。

就像这样，**先设立一个目标，之后你自然就能找到与之相关的信息。**

所以，**不管做什么都要先有明确的目标意识，这点很重要。**

只是，突然被问"你的目标是什么"时，也时常会有人回答不出来吧。

为了帮助这样的朋友，第三章我会介绍有效设立目标的方法。敬请期待。

刺激多巴胺分泌，推动"IOK高效循环"

☑ 提高专注力不难

迄今为止谈论的专注力，指的是聚焦目标及难题的注意力。

想要工作更高效，这种能力就是不可或缺的。

许多读者会说：

"重要的事情是什么？应当做的事情是什么？目的是什么？我都知晓了，专注努力了，可是却没有成效。"

"知道要专注，然而，我还有很多其他的事情要做，无法专注呀！"

确实，在日常工作中能够辨别何为重要之事，但工作进展缓慢、无法专注、没有成效的人也不少。

为什么呢？

那是因为专注力过于微弱。

要提高工作速度，就必须强化专注力。就像阳光通过放大镜被汇聚到一点，能够成功点火一样。

专注一点，让所有能量集中到这一点上。

那么，怎样才能集中呢？

你需要了解一些"诀窍"。

古往今来，为了提高注意力，人们开展了很多脑科学方面的研究。

其结果就是逼近一个问题： "怎么做才能提高注意力呢？"

高效工作法的诀窍是我基于脑科学最新的前沿成果，尝试着在经商与教育等领域应用实践后，从颇具成效的实例中精心挑选出来的。

也就是说，你没必要担心有没有效果。

书店里有很多"提高注意力"的书。

令人惊讶的是，关于如何提高注意力，一本书里写了100个诀窍。

为了提升注意力，有什么事情是必须要做的吗？

什么时候做？做哪个？光思考这些，我就已经很迷茫，无法集中注意力了。

可能有人认为我作为作者，会从那100个诀窍里挑选出适合读者的内容。我不会做那样无效、不科学的事。

只要你能遵从本书的内容，你的注意力肯定能够得到提升。

要点就是，如何能刺激大脑大量分泌神经传导物质——多巴胺。人在快乐时、兴奋时、因临近截止时间而非常紧张时，大脑会分泌多巴胺，经历成功时也会这样。

大脑的前额叶皮层负责掌管思考能力，在多巴胺的作用下，能够提升注意力和干劲儿，如果这种状态持续下去，人就能进入一种"忘我的状态"。它是一种注意力高度集中的状态。

此外，多巴胺还可作用于海马体及扁桃体等大脑诸多部位，据说对提高记忆力很有帮助。

高效工作法的诀窍就是，让大脑不断分泌更多的多巴胺。为了提升专注力，请你务必实践一下。

☑ 失败经历才是多巴胺分泌的钥匙

我反复论述了输出（行动）的重要性，从多巴胺分泌的角度来讲，持续输出（行动）非常重要。

我们通过"IOK高效循环"进行输出（行动），总有一天会遇到困难。

但若将其视为失败或是负面结果，是特别不好的。尤其是第一次开展工作，或是要做难度比较大的工作时，很多人会因为惧怕失败，从而不敢付诸行动。

但是，**失败能够刺激脑内多巴胺（"成功物质"）的分泌，它才是提升技能水平的钥匙。**

我们常说"失败乃成功之母"。从脑科学的观点来看，这句话也是正确的。我来解释一下原因。

在脑科学的世界中，成功经历的累积，可以让多巴胺分泌增加，从而变得更有干劲，也能提高注意力。关于这一点，我在开篇也提到过。

可是，非常意外，很多人不知道的是，**现实中"失败的积累"越多，再成功时多巴胺的分泌就越多。**

某个脑科学实验发现，如果人一直过着平稳的生活，大脑的多巴胺的数量会减少。

多巴胺具有不可思议的性质，人为了达到目标，之前越辛苦，在目标达成时，多巴胺的数量就越多。

试想一下钟摆。失败的次数越多，钟摆的摆幅就越大。人的目标达成时，多巴胺的数量也增长得越多。

我自己也有亲身体会。

我刚创业时，简直不停地在经历失败。我在没有背景、没有资金的情况下开启了事业，每天不停打商务电话，过得糟糕至极。工作没一点儿起色，最初的日子里，不断失败是常态。

因此在接到第一笔订单时，我简直要开心得要跳起来。

不管在此之前，还是从此以后，我都再没有过这样的多巴胺分泌的体验。

因为我进行了"失败的积累"。

也就是说，无论如何，我们要先推动"IOK高效循环"，增加输出（行动）的次数，若因此碰壁，就一边推动"IOK高效循环"，一边进行"失败的积累"，或许能提升对终点目标的专注力。我们实现目标的欲望增强，最终多巴胺的分泌就会增加。

当注意力得到飞跃式提升，大脑会想进一步去实施输出（行动）。很多商业精英有着令人难以置信的强悍的执行力，实际上，他们一般都是多巴胺分泌旺盛的人。

虽然他们一般不会表现出来，但是**要达到那种忘我的状态，得经历数不胜数的失败。**

你刚开始尝试高效工作法时，就抱着"失败其实不是失败"的想法怎么样？

或者，请你将失败这类词语从你的字典中删除吧。

把你大脑当中，关于失败的词语换上"'成功物质'多巴胺的产生源泉"这样的表述。

遇到苦难时，至少保持"我得到多巴胺啦"这样的轻松心情吧。

用令大脑舒适的工作法，像沉迷游戏一样投入工作吧！

☑ 目标明确的话，谁都能体验成功

接下来我想告诉大家的是，**成功体验与社会上的一般性评价无关。**

工作学习无法取得成效的人，几乎都是原本没有目标的人。也就是说，他们没有看清"成功是什么"。

即使在他人的命令下，被驱赶着完成目标，大脑也不会认为这是一个"成功的体验"。所以，多巴胺也不分泌，自始至终，他们的注意力也不容易集中。

反过来说，**自己确立了明确的目的或目标，再凭借自己的力量一步步实现，那么即使是一些小事，都能让自己的大脑获得成功的体验。**

我现在就抱着"向许多人传递高效工作法"的目的，

专注"为此写出通俗易懂的内容"这一目标，而在不停地打着字。

然后，每当写完一个小节，就是完成了一个小目标，大脑会收到成功的体验，不停地分泌多巴胺，做事也会越来越有干劲。

如果是在上司的压迫命令下写报告，又会怎样呢？应该只能感觉到压力吧。无法集中注意力，也无法产生想要进步的念头。

当然，许多人并不认为写书一事值得大惊小怪。然而，对于确立了明确目标的我而言，这是无与伦比的"成功体验"。

这种区别很重要。**人们容易把"成功体验"，对标一些人认为的取得某种社会成就，但其实你只需要把它想成是能促进自身进步的模板即可。**为此，你必须明确工作上的目的或目标，制定可以保持专注的标准。

只要定下了这些，小目标便自动确立下来，成功的门槛就越来越低。而门槛虽低，大脑却会越来越愉悦，前所未有地干劲满满。

开始高效工作法，日拱一卒，积累成功的体验吧。

无论干什么都可以。当你抱着"想把新商品介绍给更多人"的目的，确立"通过推销增加新客户"这一目标后，那么打一通电话，就可以让你的大脑感受到"成功体验"。

不是为了上司或公司工作，而是为了让自己的大脑感到快乐，这样想的话，工作效率自然能够得到提升。

☑ 工作是"游戏"，人生也是"游戏"

为了刺激大脑分泌多巴胺，我还有一个建议。

那就是，希望大家都用上高效工作法。

最好能像打游戏一样去实践它。

可能大家会想着："把工作看作'游戏'，真的做不到啊！"

但是，我却真是这样认为的。

不仅如此，我把人生都看作一场"游戏"。

所以，我完全不需要深刻检讨自己这里不行，那里不行，也不需要烦恼自己的失败。因为无论工作，还是人生，都是一场"游戏"。我只需要享受其中便好。

在工作中犯错，我就当是在玩《超级马里奥兄弟》的游戏中碰到了毒蘑菇。游戏会继续，还能重来，工作也一样。人生也一样。

这样一想，是否会变轻松些了？

"游戏化"这一概念，是融合了脑科学和心理学形成的概念。这是将人们打游戏中体验到的"快乐"感受，与游戏的那种"让人沉醉的机制"融入工作的一种思维方式。

打游戏时，人们容易忽略时间，沉迷其中。那是因为大脑感受到快乐，分泌多巴胺的缘故。

人们在沉迷游戏时，都能高度集中注意力。面对多次反复的失败，只有一些人能做到放声大笑，乐在其中。大家都有这种体会吧？

带着这种"游戏化"的想法实施高效工作法，工作会越来越快乐。

假设你是某个游戏的主人公。

你在工作上的成功，相当于在游戏中打败了最终"大魔王"，成功通关。

游戏一旦开始，你该怎么做呢？

当然是开始输出（行动）。你在新手村跟来来往往的NPC①搭话，是永远见不到终极"大魔王"的。所以，你先得出村。

你冒着危险出村后，会遇到各种各样的敌人。有时会输给强敌。但是，若你不小心死去，会读档重来。游戏中的失败你不管经历多少次，都是那么一回事。

容易焦虑担忧的人，有没有过在冒险途中，专注收集各类级别称号的事情呢？一味沉浸在升级中，不管过了多久，也见不到最终的"大魔王"。通关时，你需要注意级别，更需要有毅然面对强敌［输出（行动）］的勇气。

被强敌打败时，适度地收集［输入（信息收集）］战利品，你就能一步步升级。因为你已经知晓了强敌的特性，所以能够收获有效的战利品吧。

像这样，**把工作看作"游戏"，你的步伐会越来越轻快**。而且，每次同"强敌"对峙，你都会产生"太兴奋了""兴奋得手抖"等念头，多巴胺大量分泌，注意力以

---

① 指电子游戏中不受真人玩家操纵的游戏角色。——编者注

令人震惊的状态高度集中，完美发挥。

当工作陷入低谷时，你的这种感觉会尤为强烈。

高效工作法，在最短时间内收获理想人生

☑ 3天、3个月、3年，坚持下来，人生就会改变

绪论里提到过，你在多长时间内能取得怎样的成果，我将在本章的最后来讲述。

这里列举的时间，是我成为"编剧""经商者""投资家""油管网博主"等花费的平均时间。

当然，根据自身掌握的技能、积累的履历，以及工作内容，肯定不可能每个人都一样，大家按自身条件适度参考即可。

◆只需"3天"，你的想法就会发生翻天覆地的变化

3天，指的是无论是谁，至少得需要3天。读完本书后，任何人都能开始使用高效工作法。

已经读完本章的你，应该理解了输出（行动）的重要性。从现在起，就能改变工作方法了吧。

以我为例，我决定了"要做"，就会在3天内开始行动。

3天成为投资家。

3天成为油管网博主。

3天成为作家。

当然，此前的失败及辛苦山积波委，数不胜数。即便如此，**最重要的还是毅然迈出第一步，"立刻执行"**。

如果你想积累新履历，那么在读完本书后，立刻开始输出（行动）吧。

◆ "3个月"积累受益一生的履历

短期集中型工作的完成周期一般是3个月。

即使是从事周期长的工作的人，3个月也可以经历几乎所有类型的业务了。

因此，3个月会经历各种各样或成功或失败的体验。基于这些经历，只要推动**"IOK高效循环"，其他人3~5年掌握的技能，你都有可能在3个月内学会**。

实际上，我只花了3个月的时间，就让生意稳定下来了。我之前在投资领域经历过一场较大的失败，也是花了3个月又收获了效益。作为油管网博主，我也是在3个月内积累了4万粉丝。俗语说，"水滴石穿""铁杵磨针""再冷的石头，坐上3年也会暖"，现在只需要3个月，就可以看到成效。努力坚持3个月的话，你能得到受用一生的履历。

从脑科学的视角来看，可以说3个月也是大脑突触基于其可塑性发生结构性变化的时间。**立志更新履历的人，我建议你花3个月专攻一件事。**

☑ 用3年成为一个领域的专家

我对于专家的定义是，不管身处何种逆境，都有底气跨越和克服的人。

比如说，经济形势好、股票看涨时，投资赚钱就很正常。但既然被称作专家，在遭遇雷曼事件等逆境下，还能赚到利润才算不负盛名。

3年，是人们面对自己无能为力的经济大势的变化及时代变化，体验"下坡路"时自我消化的时间。

坚持高效工作法3年，就经验来说已经达到专家级别，掌握了所有处理应对纠纷的能力，才可被称为专家。

我在投资领域也是在3年后积累了上亿日元的财富，同时提升了技能。

在经商领域，3年后我的员工增加了，工作室变大了，同大型公司也建立了合作关系。信用和经验增长，交易单价也上涨了5倍以上。

所以，如果你能够坚持3个月，就肯定能坚持3年。你也加入进来吧。

我一生都会坚持高效工作法。

或许是因为用了高效工作法，增加了研究中说的可以让人感到幸福的多巴胺的分泌，所以在日常生活中，我常感到开心愉悦。

如果把通过工作享受人生、把被幸福包围视为"生存目的"的话，那么除了高效工作法，我不知道还有哪种方法能够做到了。虽有些自吹自擂，但我真是这样想的。

我之所以写这本书，还有一个原因就是，现在不管是年轻人还是中老年人，很多人都觉得人生很无聊，工作是义务性地完成的。

如果你用了这套高效工作法，能让人生显得不是那么无聊。

现在这个时代，企业不断被分化解体，个人能力更受重视。未来有技能、有履历的人，才有出头的机会。仅凭这点，你就能靠"逆风翻盘"的特点备受瞩目。

过去的经验一点都不重要。那些认为迄今为止，自己一事无成的朋友，不管你年龄多大，这套方法都对你适用。

如果你真的决定要加入我们，那就"立刻"输出（行动）吧。

我们一起开始吧！

第二章

3 天获得戏剧性成长！高效工作法怎么做？

CHAPTER 2 ————

暗号是"5秒法则"，有时间烦恼，还不如现在开始冲刺！

☑ 不管怎样动起来！5秒进入冲刺状态

那么我们快点开始介绍高效工作法的窍门吧。

我想先告诉大家，窍门是"5秒法则"。

你在开始某项新事业时，虽然想着"必须要做"，但最后很多事情都难以付诸行动吧。

比如，必须在今日完成资料整理，但总提不起干劲。又比如，必须回复堆积的邮件，但又不想动弹。

还有就是，人们在挑战新事物，或是难度稍高一些的事情时，会容易因为不安等原因，迟迟不付诸行动。

此时，"5秒法则"就能帮上大忙。"5秒法则"是常年遭受恐慌症侵扰，服用抗焦虑类药物20年的梅尔·罗宾

斯①提出的方法。

　　通过践行"5秒法则"，她的人生发生了巨大变化。

她写的书成了全美销售100万册以上的畅销书。她在纽约

的TED②演讲中，收获了大量人气，十分活跃。

　　方法非常简单。**想行动时，（可以的话）马上数秒**

────────────

① 梅尔·罗宾斯，知名TED演讲者。她的TED演讲"如何不让自

　己的生活一团糟（*How to Stop Screwing Yourself Over*）"在油

　管网上的播放量已超过1300万次。——译者注

② TED是技术（technology）、娱乐（entertainment）、设计

　（design）的英语首字母缩写。它是美国的一家私有非营利机

　构，该机构以它组织的TED大会著称，这个会议的宗旨是

　"传播一切值得传播的创意。"

"5、4、3、2、1"，在数到"0"之前，迅速行动。

干劲就这样挤出来了。

从脑科学的视角来看，这种方法也是非常清晰明了的，因为人类的"身体行动促使大脑提起干劲"。数数字，就是开始着手行动的准备运动。

"开始倒数"也是一种了不起的行动。以此引线为契机，产生激发大脑干劲的脑内物质多巴胺，通过刺激大脑的行动中枢，转化为人们行动上的积极性。

实际上，适应了这个做法后，人们只通过倒数就可以给大脑发信号，激发干劲，从科学的角度来说是有可行性的。

重要的事再说一遍。善用行动引线，能够控制大脑。

也就是说，即使今天没有干劲，用"5秒法则"强迫自己行动的话，大脑也会自发提起干劲来，且跟你的主观意识无关。这是因为通过行动，大脑的伏隔核部分受到刺激，分泌了多巴胺。

这一点也可以应用到日常工作上。闭上眼睛，默想数字，开口倒数。开始行动后，就没有时间烦恼了，你能立刻进入冲刺状态，进而实现效率提升。

☑ 选项有3个也不怕！事前准备不要过量

开始行动后要将注意力专注于一件事，必须将工作记忆容量控制在最低范围内。

所谓工作记忆，指的是大脑前额叶皮层负责的思维能力及注意力等功能。它就像我们玩游戏时的体力及魔法力一样，每个人的容量是有限的。

因此，同时进行多份业务会消耗工作记忆容量，失去专注一件事的能力。要避免这一点，就**只能尽力减少影响行动的可选项数量。**

刚才我举了个实验的例子，说选项多，会影响人付诸行动。对于这点，我也深有体会。比如，即便先在网页上提前选好了套餐，但在西餐厅看到菜单时，又不知道要点哪个菜了。

人类是选择越多，越难付诸行动的。被迫在多种可选项中判断选择，会浪费工作记忆容量。

要推进高效工作法，这件事至关重要。

喜欢事前准备的人，在行动开始时就重复了大量的输入（信息收集）步骤，肯定也做好了各种计划。方案A、

B、C、D、E、F……把所有可能性筛一遍，再想着在其中选出一个最优方案吧。

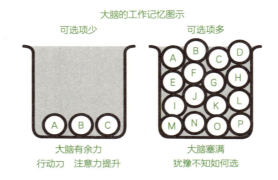

大脑的工作记忆图示

可选项少　　　　　　　　可选项多

大脑有余力　　　　　　　大脑塞满

行动力　注意力提升　　　犹豫不知如何选

可是，在脑科学看来，这种情况最不好。

因为很重要，所以我重申了好几遍。可选项增加得越多，你的工作记忆被占用浪费得就越多，就越无法开展行动，反而会被犹豫支配，工作方式变得散漫。

开始行动时若需要拟订计划的话，最多拟订A、B、C这3个方案就好。

即凭直觉选的A、凭理论选的B、反向选择的C。这3个方案中，肯定有一个最优解。如果你选错了，马上改换其他的就好了。

高效工作法通过不断输出（行动）、快速积累经验值，从而达到磨砺直觉的作用。直觉，靠的是经历过多次成功和失败培养出来的感觉。基于大脑数据库，选择正确途径的经验值越丰富，正确的直觉就会越起作用。

例如，有数据表明，专业选手在下国际象棋时，5秒内思考的落子之处和30分钟思考的落子之处，86%情况是一致的。也就是说，无论再怎么深思熟虑，结果几乎不会改变。这就被称为"国际象棋直觉理论"。

不输出（行动），不积累失败或成功经历的人，就无法培养直觉。反过来说，输出（行动）若一直选不到正确方案，自己的数据库也会不断累积，也能培养直觉。

就如同第一章说的那样，失败也是珍贵的成功经历。我们要靠行动，用最快的速度找到最优解。

因此，毫无经验的人在开始新事业时，可以选择做3个方案。

比起拟订计划，输出（行动）更具价值。积累失败经验的数据库，积蓄改进环节的试错能力，你会得到大幅度成长。

了解最大化提升专注力的时间管理法

☑ 高效挑战时间法的使用

我们继续讲。

为了让工作中的多巴胺如岩浆般喷涌，请务必善用秒表。

例如，决定了要"在一个小时内完成这份企划书"，就利用秒表和智能手机中的应用程序，做一个倒计时1小时的设定。按下倒计时，便开始行动，专注此事，一口气完成企划书。

游戏也是有时间限制的。不在一定时间内完成的话，就显示超时。在设限的场景中，游戏者才能心无旁骛，专心致志地投入其中。这是一样的。

人如果给自己设限，注意力就能保持高度集中。

关于这点，英国历史学家西里尔·诺斯古德·帕金森因于1958年提出了帕金森定律而闻名世界。帕金森定律指的是"人们会将自己拥有的时间全部挥霍掉"。

如果没有规定截止时间，在时间非常充裕的情况下，人们会就眼前的工作考虑各种可选项。越是想认真工作的人，那种倾向越强。可选项增加，就容易犹豫，它是削减注意力的重要原因。

限定时间越短，人的注意力越集中

无限定时间

12 小时

限定时间

1 小时

限定时间

另外，**限定好时间，设立截止时间，想法就会发生很大改变**。因为大脑要在规定时间里集中处理信息，就要将无用选项排除，集中专攻一点。

高效时间挑战法

限定时间，活跃大脑！

①规定时间
②准备一个秒表（或智能手机应用程序），设定倒计时
③在规定时间内尽力完成工作

快速要点

活用脑科学的帕金森定律

● 设定一个限定时间，自然会集中注意力，让人工作效率倍增
● 多巴胺分泌，促进大脑活跃，让人干劲激增

但是，若规定时间结束，超时了怎么办呢？

当然是马上停止那份工作。如果继续坚持做完的话，就是漠视秒表，那么这个方法就失效了。

你可以离开一段时间，伸个懒腰，散散步，做一些轻松的运动，来放松一下，然后再设定一个合适的时间，再次开始挑战。

重复多次后，你会找到从事一项任务的合适时间。**习惯了集中注意力工作，你对时间的管理能力也会越来越优秀。**为了形成用数字标示自己进步程度的意识，请习惯这一点。

☑ 90分钟×3工作法的使用

提高工作效率较有名的方法有"番茄工作法（Pomodoro Technique）"。它是一种"25分钟集中注意力工作，5分钟休息"，然后循环往复的工作方法。发明该方法的是意大利作家弗朗西斯科·西里洛。此法的名称因他使用的是一款番茄型闹钟作计时器得来的。顺带一提，"Pomodoro"在意大利语中是番茄的意思。

总之，我知道了番茄工作法后，便在公司进行了实践。我兴致勃勃地尝试了"25分钟集中注意力工作"，但最后还是没有成功（笑）。

中途有人给我打电话，下属找我请教问题……我的注意力总是被牵扯、分散。好不容易把分散的注意力拉回来，25分钟又过了。结果，什么都没做成。

或许有人能够熟练运用此法吧。但**我认为，番茄工作法对于职场人士来说，是一种难以实践的时间管理法。**如果是独处的场合，想必运用此法，还是能够彻底发挥其功效，专注处理一件事的吧。

那么，在办公室里工作，我们如何高度集中注意力呢？

结论就是，**"一天中创造3次集中90分钟注意力的时间段"。**

这也是有脑科学依据的。

有研究表明，人体有一个约90分钟的脑波周期，名为"乌拉图节奏（Urudian rhythm）"。

脑波研究表明，人类大脑是90分钟清醒度高与20分钟清醒度低的状态交织出现的。

我注意到了这个"乌拉图节奏"，在一天的日程中，采取了90分钟集中时间与20分钟休息时间交替循环3次的方法来工作。

这个方法非常有效。

在专注集中的90分钟里，我把出勤牌翻成"不在"的状态，不管来的是谁的电话，来了什么客人，都交给下属代为处理。这样一来，就能集中注意力不被中途打断，从而保证专注一事了。

此外，90分钟的时间可以让人有富余时间深挖一份工作，既能获得失败经历，也能获得成功经历，这再好不过了。好不容易能够保证注意力集中了。如果不能在规定的时间内达到某种成效，我就不愿意再继续下去了。相较而言，番茄工作法只有25分钟，太短了，在这点时间内达成成果也太难了。

而90分钟的时间区间，就像"乌拉图节奏"展示的那样，是人类注意力集中的极限时间。**在到达极限时间前保持集中专注，这种成功的体验让我的大脑分泌大量多巴胺。**

集中注意力时间结束之后的20分钟，我可以去外面散散步，伸展活动一下，让大脑休息休息。然后，再接着挑

90 分钟 ×3 工作法

根据大脑清醒的节奏进行的注意力提升法

①一天中，设 3 次集中 90 分钟注意力的时间段
②间隔 20 分钟休息时间

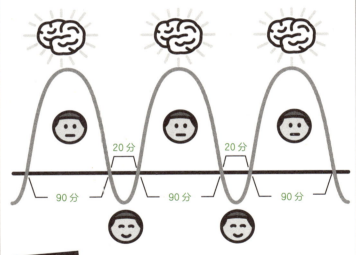

要点

活用脑科学"乌拉图节奏"！

因为大脑是清醒度高的 90 分钟与清醒度低的 20 分钟交互循环的状态，因此人类能集中注意力的极限时间为 90 分钟。如果能灵活全效运用清醒度高的 90 分钟，激发高效的大脑能量，就能在短时间内完成工作。

战下一个90分钟。

习惯了这个节奏，我就能保证一天中有4.5小时的集中精力时间。然后，再利用其他时间处理邮件、文件盖章等工作，以及一些程序化的会议等。

实践高效工作法时，请一定要用上"90分钟×3工作法"。

有的工作可能要不停地接触电话、到访的客人、下属上司的问话等。

但是，只要有一个90分钟的时间，就能让注意力全力集中，不被打扰。配合前文所说的"高效时间挑战法"一起来实施，效果会翻倍。

☑ "大石块要先投入壶中"是时间管理的铁律

"90分钟×3工作法"是非常有效的时间管理法。

有这样一个故事。

某位大学教授拿出一个大玻璃空瓶，用大石块填满了整个瓶子。教授问学生："瓶子满了吗？"学生回答："是的。"接下来，教授又取出小碎石倒入瓶子中。倒完小碎石后，又倒入沙子，再倒入水，像这样一样一样地将越来越小颗粒的物体倒入了瓶子中。

这则故事说明了什么呢？"先倒水的话，石块就无法倒入其中了"。

把此事放到工作场景来看。瓶子相当于"工作记忆"或"时间"，大石块相当于"专注之事"，碎石、沙子、水相当于"邮件回复及其他工作"。

也就是说，**你优先处理日常杂事的话，会占用工作记忆容量，真正应当专注处理的工作会受影响，失去处理的时间。**

实践"90分钟×3 工作法"，你需要将集中处理大石块（专注之事）的时间纳入每日的日程表中。

在零散的时间处理类似碎石、沙子、水之类的工作，把瓶子填满。这个顺序是工作能够获得成效的铁律。

当你不知优先处理何事时，请不要忘记"大石块要先投入瓶子中"这条铁律。

工作从处理"大石块"开始吧

大石块　　　　/　碎石、沙子、水
（专注的工作）　（优先度低的工作）

你做事慢是因为被"多线任务"分心了

☑ "单线任务"提升专注力

近年来，年轻人之间非常流行"多线任务"，说是未来需要拥有能够同时处理多项工作的能力。当然，如果有那样的工作方法，并能够做到的话，就再好不过了。

但是，请等一下。**你做事速度慢，难见成效，真的是"多线任务"导致的吗？**

原本，我们的大脑就只能专注于一件事。

斯坦福大学神经科学家埃尔·奥菲尔曾说过："人类还不能同时进行多项工作。""有人只是善于在任务与任务间快速切换而已。"

切换任务，在外界看来就像多项任务同时进行。而现实是，人的大脑不能同时处理两项以上的事情，否则工作

效率和工作速度就会显得低下。

实际上哈佛大学发表的研究表明，"效率最高的员工很少关注专注之事以外的工作任务"。

我的经验和研究也都是一样的。**彻底投入一个"单线任务"能够大幅提升工作效率。**

因此，你若实践我告诉你的诀窍，请一定要在一个限定的时间内，专注完成一个任务。

本书最开始介绍的专注力的重要性，也被斯坦福大学与哈佛大学证明了。

☑ 把工作交给别人无法提升自身技能

写到这里，可能有人会说："不，自己敬佩的商业人士难道不是同时开展了多项工作吗？"这里有个陷阱。

一部分被视为商业精英的人士，看上去好像在进行"多线任务"，但实际上，他们是有智囊团和支持者来帮助自己分担工作的。

我在业界做作家兼编剧很长时间了。说到当时日本的金牌主播，就不得不提到久米宏先生。久米宏先生120分钟新闻节目的背后，其团队成员至少达50人以上。

正因为有团队的支持，久米宏先生才能专注于在我们喝茶的时间向我们播送简单易懂的新闻。他们并非能够娴熟地多线处理庞大的工作量。

看上去在进行"多线任务"的人，实际上将工作交给了别人。然后，当事人自己则是集中处理一个"单线任务"。

那么，可能有人就想把工作交给别人去做吧。请不要误会了。

如果总将工作交给别人的话，自己的技能就得不到提升了。

请记住，崛江贵文等有名的商业精英，在年轻时也是自己娴熟地处理一切事物，技能提升取得成果后，才获得了现在的地位。

没有一技之长又无丝毫建树之人，若一味地把工作交由别人来完成，则会丧失成长进步的机会。

稍微离一下题。请记住，"越是正在成长进步中的人，他们工作时必然专注于'单线任务'"！

在集中精力的时间，一定要做到即使来了邮件也会无

视。最好也把应用程序的来信音提前关掉，即使是紧急要事，也尽量先搁置，专注眼前的任务。

☑ 相比ToDo清单[①]，更需列高效"单线任务"清单

各位朋友，你们当中有很多人有列ToDo清单开展工作的习惯吧？

我从某一时期开始放弃了列ToDo清单的操作。之所以变成这样，是因为我发现，列ToDo清单会降低工作效率。

我甚至觉得这种方法很笨。

但是，大家可能有过这样的经历。看到写下的那么多待开展任务，如小山堆积一般，会产生不得不做的厌烦情绪，然后心情开始低落起来……

这是商务人士的现实写照。

理论上说，将待做事项整理成"可视化"内容，能帮助人们明白优先顺序。

---

① 意为待做的工作清单，此处保留ToDo清单的说法。——编者注

但是与此相对的，有那么多要做的事情，就会想着到底要做哪一项呢。如此一来，就会消耗工作记忆，削弱注意力。

因此，我在高效专注地处理某项工作时，就放弃了调查整理待开展的工作。

每天专注一事的话，哪项应该最先完成，心里应该有数了，就不必特地去列一个ToDo清单了。

专注眼前最优先顺位的事情，集中注意力去处理的话，ToDo清单列举的待做任务自然而然就能得到处理。

注意到这一点的我，放弃了列ToDo清单，取而代之的是秒速思考"单线任务"清单，做法非常简单。

- 在集中时间开始工作前，先列一个"单线任务"
- 将"单线任务"分解成必须完成的迷你任务
- 专注所有任务，在限定时间内集中处理
- 完成清单中记录的任务后，划线消掉

然后重复这个操作。为什么我要这么做呢？我是为了将设定小目标和积累成功的经历以"可视化"的形式表现出来，以达到在大脑里复刻的目的。要不要试一试？这是非常快乐的，会提高你做下一个"单线任务"的积极性。

对行为心理学颇有研究的永谷研一，分析了高达1.2万人以上的行为实践数据后发现，微小的成功体验，能给人们的干劲与自信带来很大改变。

这些变化能够增强人的自我肯定。"单线任务"清单应当也能成为我们可靠的伙伴。

"单线任务"清单，也可以说是专注"当下"的窍门。而 ToDo清单列入了每日要做的基本工作和处理不完的将来的工作，带给大脑一些不安及压力。

从脑科学的角度来看，不安是压力的一种。它能排出引发老化的活性氧，不仅对心理还是对生理都很不利。因此，它会削减干劲。

做喜欢的事情时，不会在意将来，只会享受"当下"，不是吗？

"单线任务"清单，因为能够聚焦"当下"，所以也能驱散你对将来的不安吧。

"单线任务"集中法

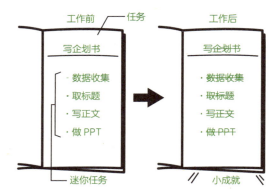

工作前 ── 任务　　　　工作后

写企划书　　　　　　　写企划书

· 数据收集　　　　　　· 数据收集
· 取标题　　　　　　　· 取标题
· 写正文　　　　　　　· 写正文
· 做 PPT　　　　　　　· 做 PPT

迷你任务　　　　　　　小成就

要点

善用大脑"无法处理'多线任务'的特性"

● 避免大脑工作记忆容量的浪费。知道多余的待做事项会占用工作记忆容量，所以要写只需在当下完成的"单线任务"，高度集中注意力。
● 微小的成功体验不断重复，会促进多巴胺分泌，提高积极性，像打游戏一样享受工作吧。

培养"5档"意识，轻松管理情绪

☑ 舍弃"ON、OFF"①，培养"5档"意识

大家了解了高效工作法的诀窍和怎样提高专注力，想必觉得看上去很难吧。

确实，对于不习惯专注工作的人来说，可能会难度较大。

但是，你做了之后，会发现比想象当中简单。确定了集中时间，准备好秒表或应用程序，再记录下"单线任务"清单，如此而已。

虽说如此，我也不是24小时都在工作。高效工作法如果一直是保持着ON的状态的话，人的精神也会疲劳的。

---

① ON指开，打开；OFF指关，关闭，此处保留英文。——编者注

于是我学习了一个方法，就是**将工作积极性想象成有"5档"的状态。**

如果把它想成是"ON"或"OFF"的状态，开启状态因为要发挥100%的力量，所以压力大，工作时的精神负担也会变大。

而设"1档""2档""3档""4档""5档"的情况下，若你今天绝对不能认输，状态就是"5档"；你今天的工作取得了成效，可以放松一些，就是"3档"状态；你今天因为私事烦恼，无法集中注意力，所以是"1档"状态。要根据工作状况进行相应的精力付出。

然后，你就可以丢掉多余的精神压力投入工作了。例如，调为"1档"时，工作即使不如预期进展，但是在预期范围内完成了，反而会比达到成效能够获得更多的成就感吧。

此外，为了避免精神负担过重，还应该记住的一件事就是，**在每日日程上留下空白的时间。**

即使在集中时间内没有完成应当完成的工作，每日日程中也要留1小时的什么都不做的空白时间，这会给你带来安心感。而安心感，是非常重要的。

美国弗吉尼亚大学的丹尼斯·普罗菲特教授做了如下试验。

让听抑郁音乐的组与听轻快音乐的组的组员猜测眼前图片的坡度，结果发现，前面一组的人认为坡更陡一些。

这意味着什么呢？**心理压力堆积的话，人的大脑运转就会迟缓下来，会认为眼前的问题是难题。**

也就是说，在日程中提前留下余白，可以减轻心理压力，更轻松地使用高效工作法。

"还有余力"，**这个希望能将人的能力发挥到最大。**

☑ 不要坐办公桌旁！要经常活动一下筋骨

之前，我向大家介绍了最大限度提升高效工作法的输出（行动）的诀窍。

当然，**输出（行动）不是只靠着在办公桌和电脑旁工作就能行的。推动现实进展的所有行动都是输出。**

如果你的工作进入瓶颈期的话，根据"5秒法则"离开办公桌，向别人请教一下解决办法，这在广义上也属于输出。根据"5秒法则"跑到书店，去书里查找解决瓶颈问题的方法也属于输出。

或者，若你的主要工作是跟人见面、谈判商讨的话，就根据"5秒法则"不要犹豫，直接行动吧。

虽然有人可能认为自己不擅长跟人打交道的工作，但所有的工作道理都是一样的。

如果确立了工作目标，为了完成它不得不与人见面的话，就没有犹豫的理由。

吃闭门羹也没什么。因为对于你来说，看清了工作目标，失败不失败就无所谓了。秒速改进，再进入下一场输出（行动）就好了。

"IOK高效循环"适用于一切工作，普适度极高。

最重要的是不要发牢骚，不要瞎烦恼。离目标很远的无用的选择与注意力的浪费，要学会适时放弃。

办公桌上如果找不到解决问题的线索，那线索就可能不在你坐着的地方。根据"5秒法则"，为了更好地改进，就快点输出（行动）吧。

在办公桌旁陷入工作的瓶颈了，要记得活动一下筋骨，开始行动起来吧。

为大脑输入最强的信息收集法

☑ 输入效率飞跃式提升！高效读书的方法

接下我来讲讲为了保持高效工作法的运转，如何进行输入（信息收集）。

前面说过，**输入（信息收集）归根结底是输出（行动）的必要条件，成为方法达人一点意义都没有**。请注意这一点。

那么，你因信息不足遇到瓶颈时会先做什么呢？现在，最多的做法应该是去网络上搜索答案吧。如今，通过网络搜索，你会得到海量的信息。

然而，靠网络不能解决所有事情。网络上的信息鱼龙混杂，你也不清楚哪些信息对达成目标有帮助。即使你通过网络查找过了，没有基础知识的话，觉得莫名其妙的地方也不少。

此外，网络表现出来的特性在于，很多知识是不成体系的，有的靠标题强行关联，有的明明信息不足，却直接完结，这些情况很多见，也是实情。

于是就出现了一个替代输入（信息收集）的词，读书。**我就想发明一种高效读书法，一种能在30分钟内读完，并记住一本书的读书方法。**

高效读书的方法

①一本书读3遍（第1次15分钟，第2次10分钟，第3次5分钟）

②使用秒表，在限定时间内读完

③用蓝笔一边在书上标注一边读

④搜索并阅读能解决工作上的难题的信息

或许有朋友认为，我不可能在那么短时间内读完一本书。但是，高效读书的目的，说到底在于"查找必要信息"，任何人都可以用得上。不断略过跟自己无关的信息，在这个时间就可以读得完。

高效读书法

将输入（信息收集）迅速转变为输出（行动）的读书方法

　　高效读书法，是在推进工作的过程中遇到问题时，通过读书来高效地收集信息的方法。使用高效读书法，能够过目不忘，还能将输入的信息迅速转化为输出。

①一本书读 3 遍

第 1 次：15 分钟	第 2 次：10 分钟	第 3 次：5 分钟
通读一遍，用蓝笔做笔记	只读蓝笔标注之处	边思考输出边读

②使用秒表，在限定时间内读完

15 : 00 : 00

开始

读3遍，是因为要达到脑科学推崇的"分散效果"。**比起一次性读透，多次快速阅读更易记忆，这就叫"分散效果"。**

使用秒表跟本书介绍的"高效时间挑战法"一样，**是为了在限定时间内高度集中注意力。**

用蓝笔在书上做标记是为了在书上留下感悟，与别的无标记的页码区别开。**因为大脑有"故事记忆"的功能，因此故事、感悟等内容更容易记住。**

请不要忘了高效读书最重要的是，读书的目的归根结底在于"解决问题"。

用这个方法去读书，不重要的部分会被略过。于是，输入（信息收集）的效率就呈飞跃式增长了。

☑ 用智能手机进行输入（信息收集）只需靠标题

用智能手机进行输入（信息收集）的人不少吧？

我当然也用手机。

在要解决难题或是要挑战新事业时，我一定会用高效读书法来进行输入（信息收集），但对于"对输出（行动）立刻见效""为了了解社会、时代变迁、时尚潮流"的日常输入（信息收集）来说，一般用的还是智能手机的应用程序。

　　但是，尽管难得有智能手机这么一个输入（信息收集）的便利工具，还是有很多人不知如何充分发挥其特性。

　　现在不需要特地去买杂志，任何时候都可以在新闻网站上看到下面这样的优质内容。

※我每天收集新闻信息用的平台

- 雅虎新闻
- 东洋经济在线
- 钻石在线
- 总统在线
- ZUU在线
- 四季报在线
- MAGMAG在线
- 生活黑客（LifeHack）

　　在浏览这些新闻及汇总网站时，你不能从头开始一篇篇去读。很多完美主义者认为，既然看了新闻，就要把看过的内容理解并记住。

　　然而，这种事情往往是无益的。

　　输入（信息收集）归根结底是为了推动"IOK高效循环"，请不要忘记游戏中装备的作用。高效工作法中的输入（信息收集）的目的是搜寻"看上去有益于输出（行动）的信息"。你越是仔细阅读新闻网站上的报道，就越浪费时间。之所以这么说，是因为很多新闻都和你的工作无关。

　　那么，怎么办才好呢？

　　那就**只是快速阅读标题即可**。与其说是阅读，倒不如说浏览更合适。

　　报道的内容如果与自身工作无关，继续深究也只是浪费时间。只读一下标题就足够了。

- 美国的石油储备量增长超出预期
- 美国页岩油公司开始破产
- 俄罗斯与沙特阿拉伯未达成原油减产协议

这三篇只看标题，就能了解主要内容。

令人惊讶的是，像这样浏览标题可以接触到许多信息。而你只需要去看其中跟你工作或投资有关的商务类信息即可。一天能碰到两三篇报道就够了（实际上，我一天精读的报道是三四篇）

我为了高效阅读对自己有用的报道下了很多功夫。**对于新闻网站上置顶的报道，我就点"继续"链接继续阅读，在雅虎平台上阅读标签话题也是一种可行的方法。**

这样一来，几乎所有有关"投资""经济"等网站就汇总到一起了。这项功能太好用了，你一定要试一试。

这么操作的话，你就不太能够看到与自己无关的新闻。排除信息噪声的干扰非常重要。

再加上一点，**你用智能手机开展的输入（信息收集）工作，最好在坐电车、出租车中的琐碎时间里进行。**

使用了这种输入（信息收集）法，只需10分钟，你就能看完新置顶的报道。习惯了的话，在一些等待的时间或是坐车的时间中，你就可以浏览200条以上的新闻标题。

停止无效玩手机，停止无效输入（信息收集）吧。那样的行为不会为你带来任何改变。为了不削减珍贵的输出

（行动）时间，请你平时一定谨记这一点。

☑ 在油管网上"2倍速"播放

再接着讲。

百闻不如一见。

根据信息的种类，很多时候影像比文章更适合作输入（信息收集）的内容。

油管网就非常有用。有不明白的问题，在油管网上查一下，与答案有关的视频就立刻出现了。

现在，油管网上不光有娱乐类趣味类视频，它已经成了能够提供内容来解决问题的平台。

就在前不久，我便用油管网解决了一个问题。

我喜欢的一台笔记本电脑的键盘反应慢，影响了工作。但是我又懒得拿去修，继续使用的话，时间也额外浪费不少，所以就决定自己修。

我在网上找了很多讲解修复键盘方法的视频，如果只有文字和照片的话，相对来说更难看懂，如果有了视频就很容易理解了。

如果还想继续了解信息，油管网的系统会自动推送关联视频。相当于免费获得了一个智能管家。因此，**我平常就在油管网上求助。**

参照找到的关于键盘修复的视频，我试着自己修了一下键盘，3分钟就修好了。多亏这样，才没有影响本书的写作（电脑用得多，敲击程度强，键盘就容易损坏）。

油管网就是这样一款查找资料非常方便的工具。

此外，把它作为增加专业知识的学习工具的人也不少吧？对于这样的人，**我推荐他们"2倍速"播放油管网视频。**

油管网有很多优质视频，也有很多品质一般的。品质一般的视频会浪费你的时间，得不偿失，很不划算。

此时，你就开"2倍速"播放油管网视频吧。这样应该就能预防浪费时间，做到高效输入（信息收集）。此外，用"2倍速"播放还能锻炼听力。大量信息刺激大脑，能让你在看视频时深度集中注意力。

点播放画面的设置图标就可以更改速度，请你一定尝试一下。

借用潜意识能量磨砺直觉

☑ 即使开玩笑也不要做出负面性发言和负面性思考

以上是用高效工作法的"诀窍"。只要实践了这一窍门，你面对某个目标的专注力会得到提高，"IOK高效循环"会继续推进，工作速度也能得到最大化提升。

"不可能。"

"我做不到。"

可能有很多人会这样想。

人类有一种特质，那就是会无意识地受到语言的同化影响。这种特质被称为"暗示感受性"，就是你会被自己的日常发言同化影响。

也就是说，**常说"我做不到"，现实中就真的做不到，常说"我不想做"，现实中就真的不想做了。**事实上，除了发声说话，即使你只是在脑海里想一下，也会有同样的同化作用。

为什么会出现这样的事呢？

为了说明这一点，必须要理解大脑构造。

人类的大脑分为"显意识"与"潜意识"。显意识是自己主观意识部分，潜意识是无意识部分。

这里有一个比喻。以冰山打比方的话，海面漂浮的部分是显意识，沉在海中看不见的部分是潜意识。其比例是，显意识占10%，潜意识占90%。

也就是说，**我们绝大部分意识，是被沉在海里肉眼看不见的潜意识所左右的。**

在我们意识不到的地方，语言影响着我们的潜意识。自己不经意间诉诸口的话，消极思考的语言，其实都是在潜意识中积累起来的。

假如你开玩笑地说出"我做不到"，在潜意识中其实就是在不断重复"我做不到"这个信息，然后在脑内沉淀积攒下来，最后就**可能真的做不到了。**

我们平常一般最好不说、不想消极的语言，就是因为这个原因。开玩笑也最好不要。

据说，一些优秀的保险推销员即使在开玩笑时，也不会说一些带有负面消极印象的词语。

我自己也是这样，经商、投资、研讨，还有酒桌上都会尽量避免说一些消极的话语。此外，若油管网的评论区出现了消极的投稿，我会在它们进入潜意识前立刻删除，毫不犹豫。

这是我获得成功的铁律，是我基本的工作风格。

像这样，**真的想用高效工作法实现愿望的话，就记住，要让大脑的潜意识反复接收"我要做""我能做到"这类语言信息。**

这样一来，你会得到潜意识拥有的无限能量，收获与以往完全不同的一套工作方式。

我又要重复一遍，要注意其他人对自己说的话。西班牙马德里大学的马钦·洛奇博士对24名实验志愿者就听到积极的话语、消极的话语时的脑波进行了监测。

结果显示，听到积极的话语时，大脑就像踩了"油门"会变得更活跃积极；而听到消极的话语时，大脑就像踩了"刹车"，会变得更为怯懦退缩。

就我自己来说，总是听一些消极发言的话，心情会变得低落。

对孩子的教育也是这样。即使是两岁的孩子，如果被父母不断辱骂，也会丧失自我肯定感，丧失自信，成长为一个沉闷的孩子。**消极的话语不但会降低大脑活跃度，还会导致大脑萎缩。**

实践高效工作法时，你要注意不要被消极话语所影响。我自己常用积极的语言发言思考，尽量远离喜欢说丧气话的人。

说实在的，要知道，人是没必要跟工作中接触的所有人都产生交集的。

记住这点，你的工作表现、应对和运气会发生令人惊讶的积极变化。

☑ 总之，尽快开始高效工作法！尽快习惯它！

高效工作法能让大脑全力运转，分泌多巴胺，使人进入像"跑步者的愉悦感（runner's high）"①一样的"工作

───────────

① 跑步者的愉悦感，指人在跑步中体验的恍惚感和陶醉感。——译者注

者愉悦感"的状态中。总之，就是尽快开始，然后去感受那份甜蜜的疲累与充实。

最初需要你有意识去使用高效工作法，但慢慢地，你会逐步习惯它。就像在高速上开车一样。

最开始刚开车上高速的时候，你可能会不安，会紧紧抓住方向盘，习惯了就简单多了。

高效工作法就像开车一样，把它作为日常行为进行常态化实践后，就是一个很简单的东西。

只是，车不开起来，就哪里都到不了。

人怕什么呢？比如，从科学的角度来看，人类从本性上来说会厌恶"不习惯"。

NTT Communication科学基础研究所[①]的脑科学研究专家柏野牧夫曾说，专业棒球选手在面对初次对战的选手时会变弱，种子选手接不住高中生的球是因为不习惯。

棒球选手视野中看到投手的球只是一部分信息而已，

---

① 日本电信电话公司的全资子公司，专注于连接"信息"与"人"的新技术基础的构建，从信息科学和人类科学两方面来解决这个问题。——编者注

还有一些信息是来自大脑预测的"快""慢"等。

在0.5秒内分胜负的比赛中，靠的几乎不是选手的主观判断，而是选手的直觉。柏野牧夫把这种力量叫作"潜在脑机能"。

我们的目标也是将这种潜在的脑能力发挥到极限。

潜在脑能得到锻炼的话，你就能在无意识阶段运转高效工作法，磨砺直觉和行动力。

归根究底，就是要尽快开始，以及尽快习惯。

下面的章节就是介绍为了坚持使用并早日习惯高效工作法，究竟有哪些有效的思考方法。

第三章

习惯高效工作法的
心理建设套餐

CHAPTER 3 ——————

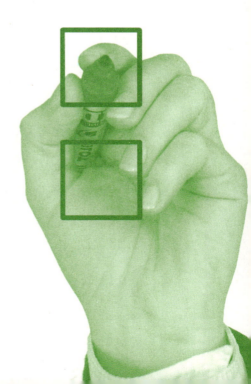

开始输出（行动）的瞬间就走出了迈向成功的第一步

☑ 在开始行动的前3个月，积极体验失败吧！

本章解说为了常态化使用高效工作法，需要保持怎样的心情开展工作。

现实中，开始高效工作法碰壁后，如何维持积极性呢？请参考以下内容。

在挑战一份新事业时，你一定要经历"失败"。再说一遍，请记住这一点。

我也经历过无数次"失败"。

当编剧时，企划书通过不了是常有的事。一次性通过的企划方案基本没有，都是从几百次的"失败"开始再出发的，所以我学会了不断改进。

我26岁开始投资股票，尽早经历"失败"非常重要。我一直以来的观点是，"股票投资是从失败开始的一场'游戏'"。可能有些经历过股票投资的朋友，会跟我产生共鸣，不经历成功与失败，就找不到自己的获胜模式。

最危险的反而是不知何为失败，不断陷入股票中的那些人。**过于自信地认为新手的好运气就是自己的实力的人，之后就容易损失惨重。**

经历失败，人们可以从中学习股票走势图、买入卖出时机、资金分割的办法等。

经过各种成功与失败的模式，人的大脑数据库积攒了经验值，磨砺了直觉，以后碰到类似的模式就知道如何操作了。再遇到"熊市"时，人们就能自如应对了。

经营公司也一样。**人们经历了"失败"后，再遇到经济不景气、员工集体辞职这类不可预测的事态时，才可能坚持下来。**

我于2020年开始做油管网博主，在最初的第一个月中也是接连失败的。粉丝数完全不涨，评论区的留言看着愚蠢至极，我一度备受打击。尤其是视频拍摄是在夏天，还需要四面灯光集中照射，真的非常辛苦。

当时我的粉丝数只有800人左右。没人帮我，我自己摄影，自己编辑。孤独的过程和艰苦的环境，让我一度觉得崩溃。

但是，因为此时我已经习惯了使用高效工作法。我想的是"碰壁就是机会。保持专注，我会在3个月后打破壁垒"。然后，当时只有800人不到的粉丝数量，3个月后涨到了4万人，成功实现了大跨步式飞跃。

我在这里想说的是，**请抱着"积极地积累失败经历"这个念头坚持输出（行动）吧**。

原本，**集中精力努力奋斗的工作就不存在失败**。蹒跚学步的婴儿走了两三步摔倒了，大家都不认为是失败。正因为婴儿开始输出（行动），开始练习走路，积累经验值，才能在数月后做到在房间里四处走。

从长远来看，最初的摔跤属于成功的一部分。不，**输出（行动）本身就是成功**。我们的工作和人生都与之相同。迈出第一步，有摔倒的经验，才能最终达成目标。

因此，**如果失败了，但只要获得了成长机会，就是令人开心的。请抱着这个态度坚持下去吧**。坚持3个月，一定能打破壁垒。

　　"3个月"是我凭借自身经验总结的时间。之前也提到过，脑科学研究表明，3个月能引起大脑发生结构性改变，或许两者也不是完全没有关系的吧。

　　无论如何，试着坚持3个月。然后你便能将高效工作法化为己用，打造理想的履历了。

☑ 体验S型成长曲线

　　在工作中碰壁的员工，我常常建议他们为自己规划一条"S型成长曲线"。

　　S型成长曲线指的是"将所有成长过程用S型曲线描绘出来"的法则。这是接连被选为哈佛大学最受欢迎教师**之一的柳泽幸雄，在培养学生的过程中发现的法则。**

　　工作成果及伴随工作成果得来的自信，就像线性函数一样，时间与成果不构成比例关系。如下图所示，它有停滞期与急速上升的瞬间，呈现出S型曲线的状态。

　　在停滞期，很多人因为分明努力奋斗了，却看不到成效，就在这里放弃了。

　　继续坚持吗？有没有更有效的方法呢？或许我这是无效尝试？诸如此类的不安袭来，人就容易灰心丧气，更在意周围人的批评奚落了。

　　但是，只要忍过这段停滞期，坚持下去的话，曲线会一下子上扬，然后迎来突破的一瞬间。

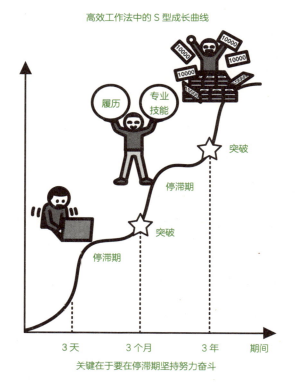

高效工作法中的 S 型成长曲线

关键在于要在停滞期坚持努力奋斗

能不断成长进步的人，能在各种挑战中不停重复这条

S型曲线，即便在停滞期，还能一边坚持"输入（信息收集）—输出（行动）—改进"的循环，一边拼命努力，直到成功地突破壁垒。

再说一遍，停滞期的碰壁也是一种成功的体验。因为到达突破之前，你一直都在努力。

反过来说，没有遇到壁垒，意味着你已经无法在这份工作里获得成长。或者也有可能是，设立的目标门槛太低了。

忍耐过停滞期，达到突破的瞬间，人会产生一种无法替代的愉悦感。达成目标的瞬间，之前介绍过的多巴胺就会被分泌出来，形成"想再要一次那种愉悦感"的想法，来维持对接下来工作的积极性。

因此，一旦开始高效工作法，你就要坚持到底。在感到"碰壁"时，回想S型曲线，一直坚持到突破的那一瞬间。若你在"碰壁"时放弃了，那么迄今为止花费的时间精力都会变成徒劳。既然开始了，你就一定要坚持到终点。

高效工作法将到达破壁之前的时间区间分为"3天""3个月""3年"。

最初的3天是学习高效工作法诀窍的3天。用3天集中实践它，后续的工作速度会得到大幅提升。

接下来，突破是在3个月后。有许多避障会出现在你面前。然而，只要你在停滞期内忍耐住，坚持不停地推进"IOK高效循环"的话，就能掌握惠及一生的技能。任何新头衔和新履历的更新，3个月就足够了。

之后，在停滞与突破循环中标记S型曲线，3年后，你就能成为该领域的专家。

用高效工作法坚持一件事3年的话，你会收获周围人更为信赖的目光，路也会越走越宽。

我开始投资3年后，赚取了上亿日元。经商3年后，我接连定下了几个大决策，员工增加了，公司甚至扩大到了可以和业界最强的上市公司竞争的地步。在当编剧时，3年后，我已经拥有了多个正式节目了。

我做油管网博主只有半年，3年后会是怎样的，我也很期待。根据迄今为止的经验，那时我的粉丝可能会超过10万人吧。我的眼前仿佛出现了就如何成功做一个油管网博主的问题，自己被别人求教咨询、被邀请演讲的样子。或许还可能再出一本有关油管网咨询类的书籍吧。

　　要想铁杵磨成针，要想梦想实现，就要坚持不懈。果然应了那句俗语，"再冷的石头，坐上3年也会暖"！

　　碰壁时，想一下S型成长曲线，打破壁垒吧！

树立假想的竞争对手，设定具体目标

☑ 树立假想的竞争对手，注意3个要点

第一章讲过，**使用高效工作法的人，若缺乏明确的工作使命、目的、预期，其实践则毫无意义。**

若无使命、目的、预期，就无法专注于一件事，即使模仿实践过程，也无法获得成果。

没有目的与预期，就不存在结尾，就像在打一场永远无法通关的游戏。 这种游戏一点也不好玩，只是在浪费体力和精力。所有的输出（行动）终将以徒劳收场。

大家能用语言明确表达 "自己想成为怎样的人" "为了什么而工作" 这些问题吗？

实际上，这比想象中要难。

如果是"想成功" "想赚钱" "想出名" "想成为能

干的人"这些虚浮的预期，那就不算有明确的目标，其结果就是减弱对事物的专注力。

这里我向大家推荐一个办法。

请你按"想成为那个人""想赢那个人"的标准，来设立一个工作上或人生中的"假想的竞争对手"。

动漫和特摄①片中的主人公，必有一位竞争对手。这位竞争对手有时会鼓励主人公，有时会显示压倒主人公的气势，有时又成为主人公成长进步的契机。我说的"假想的竞争对手"，就是这样的。

设立"假想的竞争对手"时要注意以下3点：

1.成为你在实现目标过程中的"榜样"。

2.能得到你想要的结果。

3.激发你的干劲，提高你"努力的标准"。

假想的竞争对手可以是上司、同事等跟工作相关的人，也可以是作为自己努力的目标跟自己关系很远的商业

---

① "特摄"，即"特殊摄影"，是一个日本名词和电影类型，也是日本最具有国际知名度的技术之一，利用该技术的代表作品有《奥特曼》《假面骑士》《超级战队》《哥斯拉》等。——译者注

人士。**不一定非得是"憧憬的人"**。只要是让你有"我一定要赢过他"这样的想法、能激发你积极性的人，效果就会很好。

树立假想的竞争对手时，你要明确必须做的事情。通过倒推，与假想的竞争对手相比，自己还有哪些不足，该专注哪些事情，这样答案才会变得显而易见。

我在开始新事业时，一定会设定一名假想的竞争对手。刚创业时，我把活跃在同一个公关行业第一线的商业人士，单方面地设成了假想的竞争对手。每当遇到困难时，就想象着如果我是他的话，会怎么解决，再自己输出（行动）。我有时还会浏览他的脸书（Facebook）[①]，他也活跃在写作和出版的领域，跟我做得差不多，所以也在激励着我。

然后，随着自己逐步成长进步，我就不再是憧憬崇拜了，而是把他作为假想的竞争对手，想要去真正超越他。

为了战胜他，我在商学院读取了工商管理硕士学位，加入了脑神经医学会学习脑科学，开始捣鼓起他还没有涉

---

① 现已更名为元宇宙（Meta）。——编者注

足的油管网。为了超越他，我定下了一条条目标，不断去专注克服。长久下来，我积累了众多履历，也并不觉得辛苦，甚至还感觉自己在打一个英雄游戏，并乐在其中。

但是，**假想的竞争对手也是有保质期的。已经无法激发你积极性的假想竞争对手，就在心中好好感谢后，与之道别吧。然后再找一名更厉害的假想的竞争对手，继续攀登追赶**。就像日本漫画《龙珠》和《航海王》描绘的那样。

"自己想成为什么样的人？"说不出来的朋友请不要勉强自己回答，先设立一位假想的竞争对手吧。

你想习得何种技能？你想获得哪种履历？你想在怎样的舞台上展现自己？你应该能看到你内心的想法。

☑ 把假想的竞争对手的照片贴入手账里

设定了假想的竞争对手后，将工作目的、预期、梦想、目标等用语言表达出来，在手账首页一条条写下来。例如，简明扼要地写上"油管网粉丝数达到100万人"。

"写"这种行为，对大脑的影响很大，有助于强化信息在潜意识里的不断复刻。

大脑监控着身体各个部分，尤其是手与手指上分布的神经范围大，多使用手和手指，就能给予大脑强烈的刺激。因此，与使用电子笔记的人相比，使用手写笔记的人会记得更牢固。

思考梦想与目标的时间越长，实现的可能性就越高。就像重复进行的想象训练介绍的那样，看10次的人、看100次的人、看10万次的人，其大脑发生错觉的强度是不一样的。

每天浏览一遍写在手账上的文字，可以推测自己与目标的距离。为了减少这一距离，你就要使用高效工作法，来维持专注力与积极性。

即使知道那些很重要的技能或诀窍，但若无法融入你的生活当中成为日常性的习惯，那么它就只是一种输入（信息收集）。

把工作目的及梦想写在手账的首页上这一点，谁都能做到。

马上做吧。仅凭这一点就能甩竞争对手一截，离成功更近一步。

　　接下来，我想介绍一种方法，能让目标反复出现在潜意识中。那就是把假想竞争对手的照片贴到手账上吧。 真的会立刻见效。

在手账首页写下终极目标！

每天确认一遍自己努力奋斗的原因

　　例如，"油管网粉丝数达到100万人"的旁边，贴上假想的竞争对手在油管网上的照片，每天就能跟竞争对手见面了。

　　你还可以假设竞争对手对自己说话。那些话基于你的成长状况，应该也会不断变化。自己是为了什么努力的，应该一刻也不会忘记吧。

　　相比文章，画像更容易在人类的记忆中留下印象。因为它与人类右脑的力量有关。右脑具有左脑几倍的信息处理能力，而右脑擅长的就是想象的记忆。

每天能见到假想的竞争对手的照片，就能刺激右脑，将竞争对手的形象刻进潜意识里。

那样一来，你就能为了战胜竞争对手，而一直保持行动状态了。

成为"多巴胺爱好者"，拼命提升积极性

☑ 经商者多是"多巴胺爱好者"

我曾反复告诉大家，人一旦实现目标，大脑会分泌神经传导物质多巴胺，从而感到快乐。但是，人一旦感受过快乐，就会希望"再体验一次"，然后愿意再做同样的事情获取快乐。就这样，人们开始沉溺于某件事了。

高效工作法是热衷持续研究怎样让大脑分泌多巴胺的方法。

经商者中"因为多巴胺收获快乐"的俘虏非常多。

经商者积累了无数成功的"当下"。

大项目完成了，利润增长了，员工增加了，对社会做出贡献了，每当收获这些成功，他们的大脑就分泌大量多巴胺，不知不觉间便成了"多巴胺爱好者"。

越是一流的经商者，越是发挥着令人难以置信的行动力和领导力，精力充沛地享受着工作。

多巴胺是"成功物质"，同时也有让人感到幸福的功能。因此，**成功人士即使比任何人都努力工作，每次也都会享受到幸福。**

他们当中很多人常常尝试新事业，也是因为当旧事业走上正轨后，成就感会逐步下降的缘故吧。

此外，经商者中有很多人沉迷于铁人三项运动及肌肉锻炼。

这也是除工作之外能较多分泌多巴胺的爱好娱乐了，属于"多巴胺爱好者"的症状。

总之，我想说的是，**只要曾经当过一次"多巴胺爱好者"，就会在无意识间努力不断地追求它。**拿S型成长曲线来说，就是在停滞期的忍耐过后，反复经历突破的瞬间，你会感到工作仿佛呈加速度式进展，变得特别快乐。

高效工作法追求的就是这种状态。追求多巴胺，开始奔跑吧！

☑ 提升积极性的秘诀①：了解"已完成事项"

要坚持高效工作法，比较重要的就是制作S型成长曲线，追求多巴胺，在停滞期仍然拼命努力。

停滞期会遇到各种挡路的屏障，越过克服了它们，就获得了突破。人们虽然知道这一点，但有时还是会气馁。拥有这种矛盾性，才是人和人工智能及机器人不一样的地方。

这时，我想让大家回想一下之前说的心理应对问题。

就是培养经常回忆"已完成的事"的习惯。

一般情况下，有干劲，工作就能完成。看到工作完成的人，确实人人都有干劲了。

但是，从脑科学的角度来说，"因为可以完成，所以才有干劲"才是正确的顺序。

荷兰阿姆斯特丹大学的巴戛兹博士进行了以下研究。他邀请157人参加他的脑训练项目，发现"看到优点，形成正向反馈"和"看到缺点，形成负面反馈"的两群人，后者"干劲"会持续削减。

他详细调查了参加实验的学生的脑波后，发现后者负责"干劲"的大脑的基底核部位的活跃度降低了。

前者若在任务结束后立刻反馈，干劲会上涨，过一段时间再反馈，则干劲只是呈现微微增长的状态。

也就是说，**经常回忆"已经完成的事""顺利的事"，立刻表扬自己"干得好！就这样"，有助于提高工作积极性。**

而若你有"没完成的事""不顺的事"，也不要低落，用"IOK高效循环"改进即可。

若你将注意力放在消极的事情上，大脑的抑制性就高，思考力与行动力都会降低。反省过度则百害而无一利。"没完成的事""不顺的事"只是目标完成过程中经历的一个阶段而已。那就尽快改进，进入下一个阶段。只要能做到这套科学的心理建设，就能维持很高的积极性。

☑ 提升积极性的秘诀②：幻想多方收益

处于成长型S曲线的停滞期时，我会想象自己会获得"多方收益"。多方收益是能通过达成目标获得的、从各个渠道收获的利益和好处。

比如说，我成为油管网博主获得的直接好处是广告收入，但如果只有这一种收益的话，我是没有那么大的积极性的，也许我早就因为夏天的辛苦拍摄而放弃了，然后还可以安慰自己说："世上赚钱的方法千千万，为何偏偏要选在这里发视频？"

可是，从多方收益来考虑的话，若我做油管网博主可以获得成功，我能给"公司宣传"，能"为公关咨询提出建议"，还能提供建议来为客户解决烦恼。

此外，我的油管网的内容能成为"公司员工可用的营销素材""与油管网相关的书籍内容素材"，还能收获"削减广告费""成为谈资"等多种收益。

就我个人来说，还有一个好处就是"在新冠肺炎疫情的背景下，继续挑战一个新事物，为员工做出示范，以此激励他们"。

事实上，能否做到**不但能获得直接收益，还能兼具其他收益这一点，对于积极努力维持积极性是相当重要的。**

美国范德比尔特大学的研究小组进行了一项实验任务，内容是要求25名受试者，用惯用的那只手的食指，按照每7秒30次的速度持续按按钮（如果成功，受试者会获得少量报酬）。实验表明，想要坚持到最后的人和中途放弃的人的脑部活跃性有着很大差异。

中途放弃任务的人，其大脑的岛叶皮质部位据说会变得活跃。岛叶皮质活跃的话，大脑就会开始考虑损益得失，会思考做这件事的意义，然后终止行动。

也就是说，**日常根据成本演算和损益得失来行动的话，你会对看不到成效的自己心生厌恶，而一旦计算付出与收获是否相配，就会逐渐丧失行动力。**

与此相反，能够幻想多方收益的人，比如即使参与持续按按钮这样的任务，也能够在这件事上找到各种乐趣。

就我个人而言，除了报酬，我还能找到"这样的体验是绝无仅有的""这么奇怪的实验，我投稿去社交网站上吧""把它作为商务闲聊的谈资吧""为什么是每7秒30次呢？结束后我去请教一下教授，加深一下脑科学方面的知识储备吧"等多项益处。

像这样，若自己能幻想出多方收益的话，即使是看上去毫无意义的工作，也能保持积极性努力坚持完成。

当目标达成的那一刻，你会获得怎样的多方收益呢？请你也尝试着幻想一下吧。把这些幻想写进手账里也可以。**多方收益越多，工作积极性应当会越大。**

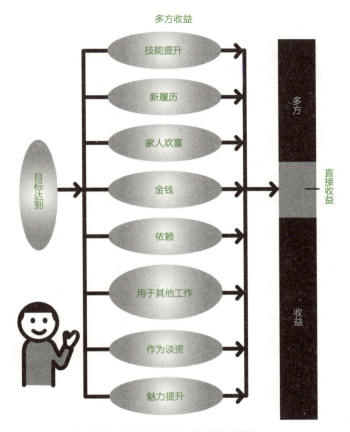

若能幻想出金钱之外的收益，则会提高积极性

习惯适应高效工作法的秘诀

☑ 在大脑的黄金时间进行工作分类

一般情况下，起床后的两三个小时，据说是人在一天中大脑效率最高的时候。睡眠可以修复疲惫的大脑，让大脑重新焕发活力。因此，上午被称为"大脑的黄金时间"。

而且，据说上午能比下午分泌更多的多巴胺。

因此，我建议上午最少要设定一次"90分钟的集中时间"，用来专注处理棘手的工作，以及需要思考力和创造力的工作。

最近流行"晨学"，就是很多人会利用早上上班前的时间来学习（输入）。

但我认为，难得的黄金时间用作输入（信息收集）

的时间太过浪费。**早晨才是能将效率发挥到最大的一段时间**。因此，应该把它用作推进工作的输出时间。

早晨不要用来学习或做手账管理，用来专注于输出吧。这样的工作法并不多。

如果每天要设定一个输入时间的话，建议把它放在傍晚的闲暇时间或者睡前。

大脑在睡眠期会将接收的信息按"短期记忆"和"长期记忆"进行选择分类。

好不容易记住的信息翌日便忘了，就是因为这类人的大脑将信息处理成"短期信息"了。

若想让输入的内容成为"长期信息"，据说在记忆这些信息时，适当制造一些"新鲜的发现"，会加固记忆内容。

本书第一章讲过，**高效工作法的输入是为了解决某些问题，推动输出（行动）而存在的。也就是说，它是为了"新鲜的发现"而存在的输入。**

因此，人在"IOK高效循环"时输入阶段获得的信息，通常会成为"新鲜的发现"，并在大脑中作为"长期记忆"被保存下来。

为什么睡前进行输入行为比较好呢？因为睡前是"背诵等输入行为的黄金时间"。大脑为了将新鲜的信息优先作为"长期记忆"保存下来，便会牢记睡前输入行为产生的记忆。

怎么样？理解了**大脑在早晨和夜晚的特性后，就能更顺利地运用高效工作法**了吧。

☑ 你的不安会拖累工作速度

本书已经介绍过了提升专注力的方法——"单线任务"专注法。因为**制作ToDo清单，会唤起对未来的不安，损害专注某项工作的注意力**。

即使这样说，很多人也会认为，繁忙的商业人士每天不得不处理各种杂务，他们很难专注某一项工作。

可是，像之前介绍的那样，即使要完成多项任务，最终除了最快完成眼前的工作，根本没有别的方法提高工作速度。

那么，拖累你工作速度的是什么呢？

不是杂务，是不安和杂念。

比实际上的任务量积累得更多的、阻碍注意力的不安情绪，才是削弱专注力的原因。

"有必须要提交的文件""今天是经费精算的截止日""必须联系客户"……**一直抱着这些不安的话，你就会白白耗费大脑的工作容量，从而造成工作效率低下。**

那么，怎么做才好呢？

这里，我来介绍一下我珍藏的一个简单方法。

把不安写在纸上。

这是什么方法！有些人会认为那不就是ToDo清单吗？然而，它们真的是不一样的。

它不是ToDo清单，它是"不安清单"，不要跟"单线任务"写在同一张纸上。

你今日应专注的是"单线任务"清单中记录的工作内容，"不安清单"可以理解成是在"集中时间"以外的时间考虑的工作。

苏联心理学家蔡加尼克通过心理实验发现，"人们对于尚未处理完的事情，比已处理完成的事情印象更加深刻"。这就是蔡加尼克效应。

不安一直持续的话，就是现在式的"未完成课题"。

可是，**把未完成的杂务等工作写到不安清单的那张纸上，它就变成了马上要做的"完结课题"。**

于是，我们可以发现，大脑会从压力下解脱出来，不安则得到减弱。

此时，**写下不安清单，把它放到一个看不见的地方遗忘掉吧。**

无论如何，最优先做的应该是"单线任务"中的工作，把它完成后再移步"不安清单"即可。

设置此项规则进行工作的话，你可以高度集中注意力，继续运用高效工作法。

第四章

3个月更新履历！
打破壁垒的"超级
专注力笔记"

CHAPTER 4 ─────

用"超级专注力笔记"打破眼前的壁垒吧！

☑ 我的"超级专注力笔记"首公开

使用高效工作法，你必然会遇到感受不到成效的"停滞期"，就是前面章节讲过的S型成长曲线中，突破壁垒之前的一段时间。

进入难度较高的工作或是开启新工作时，在停滞期内，很多人经常会出现不安，怀疑自己是不是应该坚持现在的工作方法。

如前文所述，常年使用高效工作法的我，在做油管网博主的初期，也曾一度失去信心。

视频质量持续提升，但播放量和粉丝数量完全没有增加，花费如此多的时间和精力，却看不到成果，我也反思过是不是自己不适合做油管网博主，要不要中止。

然而，**我又坚信长久以来，为我提供了很多帮助的"3个月后会有突破"的法则，继续输出做视频、不断输入改进视频，如此反复，终于在开始这项挑战的3个月后，达成了粉丝4万人的目标。**

在那样的停滞期里，发挥作用的就是"超级专注力笔记"。 我再重复一遍，所有工作都是在输出、输入、改进的循环中推进的。本章将为大家介绍有助于专注"IOK高效循环"的"超级专注力笔记"。

超级专注力笔记的具体做法

①写目标

（立下一个3天内大概能完成的简易目标，记下截止日期。）

②在粘贴式便签条上写下应当输出（行动）的内容

（在便签条上写下完成目标需要的必要的输出计划，并贴于某处。）

③写下输入、改进的内容

（分条目记录下怎样的输入能改进工作。）

④记录结果

（3日后，该输出完成了的话就标上〇，还在进行中就标上△。）

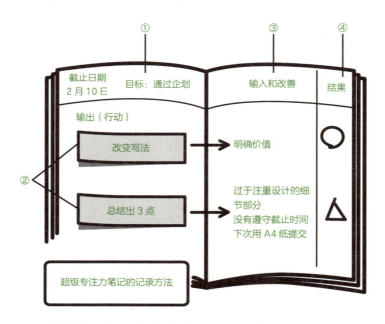

不要将"超级专注力笔记"与日常的任务及日程管理手账混合整理，要另外准备笔记本做记录。杂务及每日重复性任务，用手账或另外的纸张进行记录管理吧。请记住，"超级专注力笔记"归根结底是帮助我们达成目标的一个工具。

笔记以双联页的方式来记录使用。

左边那一页的开头，请记录下你在这一周内要达到的目标。例如，在一周内要让自己的油管网账号的粉丝数增长到1000人，然后在便签条上尽可能地记录下完成那个目标所需要的输出（行动），并将便签条贴到左边那页的空白处。

例如，"向油管网人气博主请教方法""查找参考书籍""每天提高视频的质量""改变屏幕文字的插入方式"等，不管在3天内能否做完，尽可能详细地把自己能想到的内容全部写出来吧！

之所以用便签条写，是因为3天后，如果输出行为还没有完成的话，我们便可以挪到下一个3天。把便签条挪到下一个双联页，我们便能很快发现有哪些输出行为还没有完成，习惯了之后，直接写到笔记本上也是可以的。

右边的那一页可以分为两个区域。

在右页左侧端正整洁地记录下在实践便签条所写的输出（行动）时，进行了哪些输入（信息收集），做了哪些改进。

要点

活用脑科学所说的"自制力"！

●通过"记录"这一行为，提高对工作的专注力，不在杂务上浪费工作容量。
●应该进行的输出、输入，以及做过的改进一目了然，不会弄错即将执行的工作，因此提升了工作效率。
●将成功经历进行"可视化"呈现，增加多巴胺分泌，提升目标达成欲，就能继续努力直至目标达成。

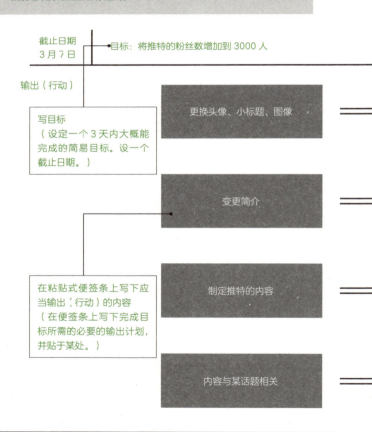

截止日期
3 月 7 日

目标：将推特的粉丝数增加到 3000 人

输出（行动）

写目标
（设定一个 3 天内大概能完成的简易目标。设一个截止日期。）

更换头像、小标题、图像

变更简介

在粘贴式便签条上写下应当输出（行动）的内容
（在便签条上写下完成目标所需的必要的输出计划，并贴于某处。）

制定推特的内容

内容与某话题相关

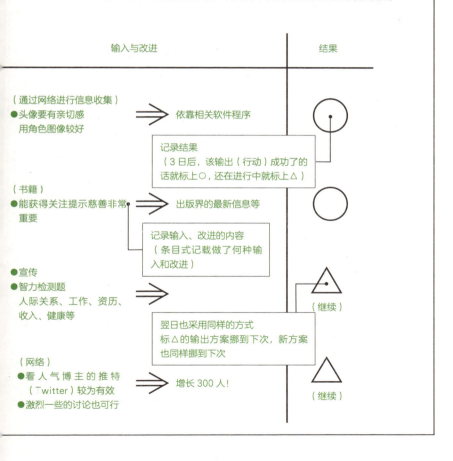

例如，在解决有关"字幕的插入方式"的问题时，尝试一些输入（信息收集）后发现，"使用超级夸张的文字能吸引更多观众，那就把它用到下一个视频中"。

在右页右侧记录改进后的结果。如果输出（行动）成功了就画上○，还有改进的空间就画上△。**不要用×这个记号。**把标上了△的输出（行动）誊写到下一页，用另外3天重新再试，直到标上○为止。

添加以"改进"为目标的改进措施也很有效。这是一个不太为人所知的方法，但是对改进工作有用。坚持添加改进措施的话，工作效率会有令人惊讶的提升。

改进的次数决定了人们的成果。这一点我在之前讲过了。

运用这条真理，在改进的基础上再次创新改进，并记录下来，最终一定会找到"适合你自己的最强的改进方法"。这就跟动画片中的英雄碰到强敌时，会通过磨炼从师傅那里学来的必杀技，把自己的水平提升到最高是一样的。

3天后，若目标未达成，那就在新的双联页设立同样的目标，待达成后，再向下一个新目标进发吧。

以上便是"超级专注力笔记"的制作方法。

☑ "超级专注力笔记"的目的是什么？

这本笔记能够为我们专注一项工作提供有效的辅助，是一款能让我们将精力集中到应做之事上，并迅速进入"IOK高效循环"的强有力工具。

只是，**不是很有精力时，建议不要特意去制作。若你处于一段看不见成效的阶段，那么请把它作为最后的撒手锏来尝试着使用吧。**

制作"超级专注力笔记"，每周需要设定短期目标，即小目标。之前我曾建议在手账的最开始写上"工作目标"，并贴上"假想的竞争对手的照片"，其实"超级专注力笔记"做成这样也可以。重要的是每天要浏览一遍。

如果把第1页记录的工作目标看作终极"大魔王"的话，每3天设立的目标就是中期"大魔王"。待改进的任务就是"帮助自己提升等级的泥浆及怪物"。

就像打倒中期"大魔王"会得到成长提升，然后习得与"大魔王"对战的技能一样。

　　"超级专注力笔记"是你的成长记录，它记载着你尚且需要提升的能力，以及要解决的课题。可以说，它是高效工作法的"改进之书"。

　　此外，这一系列的"记录"行为，对于推动我们专注一个目标并不断成长，发挥着巨大的作用。

　　大家知道"记录节食减肥（recording diet）"这种减肥方法吗？它是一种只记录每日食物的总卡路里和每日体重的一种减肥方法。

　　美国德雷克塞尔大学的罗森勃博士团队曾做过一个实验，实验将294名女学生分为每天测体重和不测体重的两组，两年后观察她们身体质量指数（BMI）[①]的变化。

　　结果，每天测体重的人体重没有增加，而且BMI也有所下降。

　　为什么会出现这样的情况呢？因为一直强调自己想要做的事的结果时，我们的大脑就会专注到这件事上来。

———————————

① 身体质量指数（Body Mass Index，BMI）是国际上常用的衡量人体肥胖程度和是否健康的重要标准，公式是身体质量（千克）/［身高（米）］²。——译者注

例如，即使有人的目的不是减肥，但若每天坚持记录体重增减的话，体重减少时会说"太好了"，体重增加时会说"糟糕"，这件事在大脑的潜意识中就重复出现了。

此外，**通过记录，我们也可以自然而然地从日常生活中找到改进后的输出（行动）吧。**

大家还记得我在第一章介绍过的彩色公交车的心理效应吗？人在潜意识中设立一个目标的话，会在无意识间寻找与之相关的信息。

如果树立的目标是减肥，那么人们就会自然而然地关注介绍自己在意的减肥方法的电视节目或者书籍，或是在餐饮平台中，寻找并尝试偶然瞥见的减肥套餐。

再有就是，书写记录可以进一步提高改善精进工作的积极性。

我再重复一次，**不断改进才有意义**。而且，即使是同一种改进方法，也会因具体案例及具体问题的不同，进而无法通用。

此时，就需要修改改进方法，或是考虑不同的方案。

虽然辛苦，但是这是很重要的行动。这一系列为了改进的输出，会在短时间内让我们得到迅速且实在的成长。

在"超级专注力笔记"的结果栏中，若〇在不断增加，自己会对自己成长努力的过程加以对比确认，甚至产生"我已经这么努力了啊"的感受。将成功经历"可视化"，可以增加多巴胺分泌，追求到愉悦感，自然便能专注于那份工作了。

另一方面，△若变多，就会让人萌生出要将它们都变成〇的欲望，因此也能激发让人努力提高输出的成功率的积极性。

通过将改进方法写进来，你可以找到一个最适合自己的独特方法，改进次数和速度也会提升得很快。

"超级专注力笔记"真的就跟魔法一样。我建议你一定要试一试。

"超级专注力笔记"应用于工作的注意点

☑ "超级专注力笔记"的要点①：明确"3天后的目标"

要写好"超级专注力笔记"，你必须先明确"3天后的目标"。

要设定目标，不管干什么，你都有必要明确做那份工作的理由，并决定一个终极目标。**不管是做手账，还是写笔记，都请明确工作中"你的理想和目标"。**

然后，请设立一位"假想的竞争对手"。"理想和目标"即使是那种被人嘲笑做梦的大目标，也都无所谓。

然后从那里开始倒推。3年后会变得怎样？3个月后会变得怎样？以此来设立目标。完成后，你就可以成功设立第一个"3天后的目标"了。

认为自己无法立下目标的人，即使很麻烦，也请务必从"假想的竞争对手"→"理想和目标"开始吧。这些内容定下来了，你在3天内必须要做的事情，也就自然而然地浮现出来了。

☑ "超级专注力笔记"的要点②：以输出（行动）为基准

请在每天的工作中逐步更新"超级专注力笔记"。当你意识到某项输出（行动）非常必要时，请立刻记录到便签条上，并追加到笔记中吧。如果在闲聊和会议中，获得了对输出（行动）有益的信息的话，请在遗忘前把它们加入输入栏里。

这一章节最重要的内容是只记录"对输出有益的信息"。无论哪种生物，大脑要活动就需要消耗热量。如何优化燃料来驱动大脑及心脏活动呢？为了抑制大脑记忆容量的浪费，使其保持一定的性能，人就会遗忘一些无关紧要的信息。

这与在深夜中冷却扇的马达音响起，慢慢持续不停地喷吐热气的电脑是一样的。信息处理能力越强的电脑，对内在持续不停的噪声和排热性能要求就越高。

实际上，**如果人无法忘记所有的记忆，大脑的能量效率会恶化到惊人的地步，从而阻碍其他脏器的正常运行。**这是脑科学视角中的记忆与大脑的关系。

也就是说，与你关注的工作无关的内容，就没有必要记录到笔记里。渐渐专注记录到笔记里的内容吧。

我觉得，现在社会上越来越多的人，看重的是记录笔记这件事本身。我对所有收集信息进行输入学习的行为报以敬意，但从结果来看，绝大部分人收集的难道不是毫无意义的信息吗？

那样的人在记笔记时，其关注点被洪水般过量的信息所占据，自己都找不到真正重要的信息，所以我认为他们也无法做出有效输出。

再说一遍，无法使用的"输入"就是"垃圾"。**输入也是有保质期的，无法使用的输入会腐烂。**

如果想成为电视节目中的人气猜谜王倒是不在此列，但我认为你的目的不在于此吧。**记笔记时也请做好取舍，**

就只记录跟输出相关的内容吧。

☑ "超级专注力笔记"的要点③：我的实践方式

如果进行了卓有成效的输入，就马上将其运用到输出吧。虽然会受工作内容和工作环境的影响，但我还是**希望周一的输出在周二能得到改进，然后再投入下一次输出中。**

为了让大家对使用方法有一个具体的印象，我想跟大家分享我的事例。

我上班时，会先把手账第一页的空白页（一般是记着品牌标识等内容）和"超级专注力笔记"的第一页写的"终极目标"通览一遍。这样就能每天提醒自己，为什么要使用高效工作法。

之后，我会在"超级专注力笔记"记录下的一些输出中，挑选出优先度最高的那一个。如果有必要细分任务的话，我要先灵活运用之前介绍的"单线任务"清单的窍门，再决定那一天要去做的任务。

之后，为了将"高效时间挑战术"做成"90分钟×3

工作法"的形式，我凭借"5秒法则"一下子开始输出（行动）。这期间发现新的输入（信息收集）就记录到笔记中。

然后，利用乘坐交通工具等时候的零碎时间，重新审视笔记，自己对应做之事反思是否还有改进的余地。如果还有需要改善的地方，就追加新的便签条，整理这些待做的工作。

3天后，在结果栏里画上〇或△，整理下一个3天的待做之事。此时如果〇较多，我也会因为这3天自己相当努力而异常开心的。但如果△较多，我会严正面对，下次加油。

我就是这么运用高效工作法的。

你也尝试一下这样去做吧。如果你认为某种做法比较容易实现，就请继续改进。改进次数能促进自身成长。如果你觉得贴便签条让你有压力的话，用书写的方式也是可以的。就像人与人之间的相貌与习惯都各有千秋一样，适用于所有人的有效工作法也是不存在的。所以，找到适合自己的做法，在其基础上进行"改进"，才是正确的做法。

只是，因为高效工作法是脑科学与行动心理学验证过的方法，肯定对大多数人提高成效有帮助，所以请有效地使用它吧。

学会倒数式思考，评估现在所处情况

☑ 定期确认年度日历

关于"超级专注力笔记"的相关解说，就介绍到此。

在本章的最后，我将向大家介绍一下在专注一项工作时，希望大家记住哪些内容。

在运用高效工作法工作时，因为过于专注于眼前之事，有时会产生恍惚，不知自己为何而努力，也不知自己进行到了哪一步。

为了避免这一点，需要重视设立"终极目标"和"假想的竞争对手"。

还有一点也要注意，那就是在看日历上下功夫。

也许有些人使用电子日历来管理日常时间，但我还是**建议用手写的手账，即便不那么贵也没关系。**

几乎所有手账的某一块区域，都会印有全年12个月的日历。我希望大家能够定期确认年度日历。

首先，看年度日历的话，你应该能发现一年的工作时间其实是比较短暂的。

除去休息日，工作天数（营业天数）是很有限的。

在工作中，养成数工作日天数的习惯非常重要。 我公司的骨干员工就经常发生把周末两天也算进来这种事，当然，那些都被我指出来了。

工作能力强的人会除去周末及节假日后，重新从截止时间开始倒推计算工作的天数。

如果能意识到人生的时间比想象中要短的话，应该会更积极地坚持使用高效工作法了吧。

请将到某月为止要达成某目标慢慢填满到年度日历里吧。

然后，就能想象自己会在这一年中取得哪些进步，以倒推式思维思考，便能知道现在的工作应该何时完成，也能放眼全年时间段，来轻松规划日程、设定截止日期了。

有的人也许会配合公司的年度工作日程表来开展工作。**但如果想一步一个脚印不断进步的话，就应该给自己**

也做一份年度日程表。

较为粗略也没关系，特地写下来也比较浪费时间，所以还是记录到年度日历中较好。

此时，我会使用平时随身携带的四色摩擦圆珠笔。

工作的内容用黑色，自我提升的内容用红色，商务书籍的内容及大学演讲准备等有明确截止日期的内容用蓝色，旅行及纪念日等年度私人行程用绿色。我是以此种方式进行区分的。因为摩擦笔在出现错误时，可以轻易将错误擦除，因此非常方便。

像这样，**即使专注于"单线任务"，你也不会感到迷茫，能够安心工作，坚持不懈地朝着目标前进。**

请至少每周一次重新调整一下年度日程表吧。（我每天会浏览一遍年度日程表）

这样一来，自己就不会被工作支配，而是能够获得自主掌控工作的感觉。那么在工作时也会快乐、轻松了。

第五章

3 年后更富有！超越
竞争对手的能力

CHAPTER 5 ————

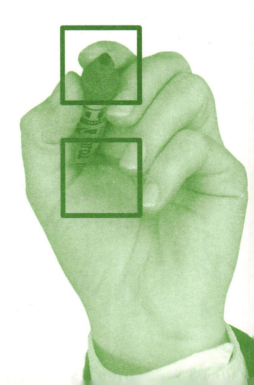

"奉献的人会赚钱"，你的大脑知道真相

☑ 要抱有"我真的会实践"高效工作法的觉悟

掌握高效工作法的话，你会提高技能，丰富职业履历，成为商务精英吧。

坦白说，**若能"真正实践"高效工作法，你一定会在现在的职场中崭露头角，不仅能积累辉煌的履历和实绩，还能获得丰厚的收入。**

但绝大部分人"并非认真在实践"。

我曾经接受某家企业的委托，前往一个研讨会，向众人介绍在手账上记录"终极目标"的重要性。那家企业每个月也在聘请别的讲师召开研讨会，数月后，原定讲师无法到达，我临时救急顶上了。

与同样的成员再次见面的我，提出了要看他们手账的

要求。

然后我发现，九成以上的人没有在手账上写下"终极目标"。在参加研讨会的一百多人中，真正执行的人只有两名。

像这样，即使遍读商务类书籍、参加研讨会，将方法付诸实践的人还是少之又少的。

明明没有付诸实践，只是满足于输入（信息收集），然后断定自己不行的人不可胜数。

反过来说，付诸实践的话，你与你的竞争对手就只有一步之差了。

读了本书后，请立刻在手账上写下你的"终极目标"吧。去寻找你的假想竞争对手吧。今天只做这些也可以。只要开始这些，你的人生就已经踏上了胜者之路。

我来告诉已经下定决心的你。你若习惯了运用高效工作法，个人工作能力会得到切实提升。

然而，有一点需要提起注意，就是所有工作都因他者的存在而存在。

无论你想到的服务多么具有创新性，若没有那些帮助将其商品化、为其做广告的伙伴，这项工作都是绝对无法

成功的。

于是我在本章中想讲一下提高人际交往能力的方法，例如如何获取他人信赖、如何打动人心等。

☑ 工作的不满用"顾客优先"来消解

咨询业界经常会使用"价值"一词。

"那份企划书有价值吗？"

"看不到对对方的价值？"

用法诸如此类。

翻译过来的意思就是"附加价值"。享受价值的是对接工作者，我们通常会问某项工作能给对接者带来多少附加价值。

这里要表达的重要一点是，**决定价值的不是你自己，是对方。**即使是你尽最大能力、耗费时间努力完成了对自己来说有价值的工作，但对方却并非如此。

也就是说，**对方想要的、期待的，以及与之相应的才是真正的工作。**

我知道的！你可能会产生这样的想法。可是，站在他人立场上思考问题是知易行难的典型例子。

例如，你设立的"终极目标"会成为谁的附加价值呢？如果看不清这一点，那么即使好不容易掌握了技能，也可能对任何人都产生不了助力。

在我的公司，我会让大家秉持"顾客优先"的思维方式。

例如，假设某位员工接到了顾客的投诉。

但是，偏偏当时在该投诉窗口的并非相关负责人员，而是其他咨询助理。

此时，如果是以顾客优先为行动准则的人，会立刻联系负责此事的员工，并向上司汇报情况，听取应对措施，不会让客户久等。

但不理解价值的人会先考虑保全自己。他们会尽可能地不想去沾染投诉相关的内容，在相关负责人回来之前，会一直将事情搁置。

我理解有些员工不想牺牲自己的时间去帮原本负责此事的同事处理投诉。但是，**只要将关注点放在"顾客优先"上，在行动上就不会感到迷茫。**

在公司工作时，你会因为"那位经理很轻松""奖金分配不对劲"等产生许多不满吧。

尽可能消除员工的不满是雇主的责任，但其实以"顾客优先"的习惯来考虑问题，对消除自身的不满也能发挥作用。虽说"那个经理很轻松"，但这件事跟客户没有一点关系。

若你把"一切行动为了客户"作为价值基准的话，你的风评一定会上升。

如果你对自己现在的工作不满意，建议重新检查一下，自己的行动是否遵循了"顾客优先"的原则。你的工作态度理应成为你的"价值"。

☑ 为了奉献而赚钱，赚了钱继续奉献

可能有些人认为，"顾客优先"是公司为了赚钱而让员工遵守的权宜措施。以得失和性价比为行动准绳的人，这种想法会更强烈些。

但是，"为对方工作""施惠于对方"，最终兜兜转转都会为自己带来益处。这种说法也被心理学研究所证实。

宾夕法尼亚大学的组织心理学家亚当·格兰特教授调

查了对他人慷慨的付出者（giver）、优先自己利益的索取者（taker）、在前两者间取得平衡的平衡者（matcher），这三类人拥有怎样的社会地位。

然后他发现尽管从平均情况来看，付出者这一类型的人处于较低的位置，**但许多一流经营者和商业精英等出类拔萃的人才，均属于付出者。**

得出这一结论后，他认为，在人们通过社交媒体表达个人观点、展示个人行动的时代，还有更多付出者一步步走向成功。

我之所以能在做油管网博主的前5个月收获6万粉丝，也是因为听说过这个"奉献的法则"。

我最初就决定了自己发布内容，只看中与观众的联系，获得观众的信赖，而不会吝啬向观众分享信息及方法。

而我身边的油管网博主，有的逐渐将内容做得精细化，有的开始付费推广。

很多人会热烈地谈到一个法则，那就是在这个世界上，即使粉丝数量少，但他们要是足够狂热的话，就能赚到越来越多的钱。确实，我不会否认这是基于市场的一种正确判断，但我想它与奉献的思维是截然相反的。

而这种只追逐利润的行为容易招致大量的负面评价。

也就是说，**采取利他性的行为，会在可视化世界中逐渐积攒口碑，凝聚人气，从而容易在商业上获得成功。**

确实，在当今时代，恶评能够瞬间扩散到全网。可是我认为选择奉献的根本原因并非在此。

在工作上帮助同事、拾捡办公室的垃圾、在电车上给人让座等，做这些事并不一定会获得别人的赞扬。

但是，**就算没人表扬自己，你的大脑也会长期溢满愉悦，铭记一些小小的成就感，增加多巴胺的分泌，使你的内心变得积极上进，工作积极性也得到提升。**

奉献的重要性就在这里。越是奉献得多，大脑就越精神，对工作的积极性也会得到提升，你的口碑变好只是时间问题。

这就是"奉献的人能赚钱"的真相。**将赚来的钱继续奉献出去的话，就会产生正向的螺旋，得到期待与信赖，你与周围的人也会构建起良好的人际关系。**

然而，以得到他人称赞为目的的奉献不会长久。为了提升大脑机能，我们要习惯"勿以善小而不为"。

当下需要的理想领导力

☑ 提升下属积极性最合适的方法

本书的读者中，有很多或许是需要管理团队的领导型人才（或储备干部），为了完成超量的工作，而想要学习高效工作法吧。

高效工作法当然会成为你的助力，但仅凭一个人的力量去完成一个团队的工作，是有欠考虑的。过于繁重的任务量会让人情绪崩溃，最终导致一事无成。

于是，一个新问题就出现了——"如何激发下属或团队成员的干劲"。那些不善于处理人际关系的人，自然就成了团队领导及组织永远的难题。

苦于无法提高下属工作积极性的朋友，如果了解了下面的实验，相信应该知道怎样正确行动了吧。

美国心理学家乔治·埃尔顿·梅奥等人在伊利诺伊州西塞罗市的西方电气公司霍桑工厂开展了一个实验，来调查环境与工作效率的关系。这个实验最终以工厂名字"霍桑"来命名，取名"霍桑实验"。

这个实验挑选了6名员工，对他们的外部环境做出改变，如"调亮灯光""提高工资""增加休息时间""配备简餐""室温被调到适宜的温度"时，他们会提高工作效率。

然后，当你认为可以得出整顿好了外部环境，就能提高工作效率这个结果时，实验又换了方向。这一次采取相反的措施，"调暗灯光""降低工资""减少休息时间""撤去简餐""室温被调得时冷时热"，将外部环境做了这样的改变时，他们的工作效率也提升了。

那么，你明白这个实验说明了什么吗？

领导仅仅在实验前对被选中的这6名劳动者说过一句话，那就是："你们是从许多员工中被挑选出来的优秀人才。我很期待你们的表现。"而后，实验便在公司骨干的关注下进行着。

也就是说，**员工一边觉着"自己被期待着"，一边**

工作，结果是不管处于何种环境下，他们都能提高工作效率[①]**。**

当然，我们并不推崇要在恶劣的环境下工作。然而，有些不太细心的经营者和经理层的人，有时会忽略"人心"。

以前，一些经营者只知道从"整顿劳动环境、提高工资"这样的途径提高员工的积极性。

我认为他们很笨。越是耍些小聪明，越是无法聚拢纯粹的人心。

当企业效益较好时，说得好听一点，调高一些工资、整顿一下劳动环境，这样的管理确实不难。

但是，在今天这样的新冠肺炎疫情的逆境下，若只知遵循旧路，员工会和公司离心的。

之所以这么说，是因为如果把下属视为将棋[②]的棋子，那么下属也会认为经营者和经理不过尔尔。

_____

① 个体因意识到自己被关注而改善行为的现象，即"霍桑效应"。——编者注
② 将棋，日本传统棋类之一。类似于我国的象棋。——译者注

那么上位者如何提高下属的积极性，即使在逆境中也能保有工作效率呢？

答案就在"霍桑实验"中。

认真关注下属的劳动，将"我很期待你的表现"，用语言及时向他们传达到位。

此时，我还会跟下属浅谈一下对自己工作的思考，让下属感受到自己对培养人才的热情。

尤其对于进公司时日尚短的员工，我会与他们沟通：我是用哪种方式来精心培养员工，而他得用哪种形式在工作上实现成长。为此，我会与他约定，自己会用何种方式来对待他。

如此这般，将自己能发挥的作用以不那么夸张的方式（在他人看来也许还是有点夸张）尽量富有激情地告知下属。

或许有人会觉得这种方法偏于老套。**但想要激励下属，就得将自己的想法全部展露，并用语言传达出来。**

我认为这是想成为领导所需的"最基本的礼仪"。

结果就是，人的积极性并非单靠策略就能提升的。尤其在新冠肺炎疫情下苦苦挣扎的公司更应当牢记。

☑ 表扬时要表扬"过程"

育儿教育中的"表扬式教育"是一种社会性常识（儿童心理学中确实有多种说法）。这种说法也可以应用到员工教育中。当大脑捕捉到"表扬"的话，就会分泌多巴胺，负责管理"干劲"的前额叶皮层的血流速度就会加快。可是，**有的"表扬"可能会削弱员工的挑战精神，所以一定要对此提起重视。**

哥伦比亚大学的缪拉和卡罗尔·德韦克进行了如下实验。

他们让约400名10到12岁的孩子接受智能测试，然后把实际分数朝下掩着，告诉所有人，满分100分的测试他们考了80分。然后将他们分成3组，分别告诉他们以下这样不同的评价。

- 第1组："你真聪明"
- 第2组："再加把劲，你会更好"
- 第3组：没有评价

在此基础上，让他们挑战下面的问题，让孩子们从"简单的问题"和"难的问题"中选择一个。

于是，选择"难的问题"比例最高的组是被评价"再加把油，你会更好"那一组，该组超过90%的孩子选择了"难的问题"这个选项。

然后，第3组选"难的问题"的比例是55%。最少的组第1组，比例是35%。

也就是说，从实验中我们可以知道，**培养孩子挑战精神的"表扬式语言"，不是用在结果出现时，而是用在他们努力过程中，这一点很重要。**

那么，为什么"你真聪明"这种第1组式的表扬方法比起什么都不说的第3组，还要削弱挑战精神呢？原因在于压力。第1组的人惧怕自己不再符合"聪明"的评价，因此选择了出错可能性较小的"简单的问题"。

这个实验虽然是以孩子为对象，但也能为表扬下属作参考。当下属做出成绩时，**"有才能""优秀""有品位"这一类赞扬才干能力的语言，可能会起到反作用。**因为他们会害怕自己被认为实际上"没有才能""并不优秀""并非有品位"，而回避处理难度高的工作。

　　与此相反，**表扬他们迄今为止的努力，会让下属安心奔赴下一次挑战**。当他们知道自己的上司如此关注着自己，应该能与上司达成信任关系吧。

　　以我的经验来说，就像在下属努力的过程中，表扬对方会促进对方成长一样，将本书介绍多次的"失败的重要性"，在事前好好讲给下属听的话，也能促进他的成长。

　　为什么会失败？让他们自己思考原因，在下一次汇报中改进。失败了要批评，但如果新的汇报和改进方案很好的话就要表扬。

培养下属挑战精神的表扬方式

　　当然，有些人因为自己的才干被表扬而干劲猛涨。所以用万金油式的指导方法来应对是很难的，**重点是对下属**

要真心相待。

　　对方需要哪些指导？不知道这一点就不是一个合格的上司。

打动人心的说话技巧

☑ 满足最低标准的"说话技巧"

"你说的话真是语无伦次！"

你是否被某位看上去傲慢至极的上司说过同样的话？

20 多岁时，我经常这样被前辈作家训斥。有时也会因此失落，觉得自己是能力低下的一无是处之人。

然而，现在回想起来，我知道他只是没有掌握"与人沟通的说话技巧"而已。

掌握"说话技巧"，单从技术层面而言，不需要多大才干。

只要学会了，并时常记得运用一下，那么你和任何人说话都能得到进步。

许多商业类书籍都写过这点，相信很多朋友都听厌了。但**如果要与人交流沟通，传递自己的想法，应当尽量"从结论开始说"**。

这种方法论比较有名的是"PREP法"，这是取多个词的第一个字母组成的。这些词是：

①Point：结论

②Reason：原因

③Example：具体事例

④Point：以再次重复结论结束

我会不断以自己的方式重复改进，为了达到更好的传播效果，我会在一开始告知听众结论后，就立刻告知听众能够得到的收获。

人比想象中难以听进他人的话。

当然，拥有超凡的说话技巧的人另当别论，我们普通的商谈和会话，有八成无法向对方准确传达意思。因此，**要和结论一起，将"如果你能把我的话听完，那么你会收获以下好处"先行告知**。越是能让谈话内容的价值给他人留下印象，越是能够解决对方的欲求及难题，对方越能对你所说的内容洗耳恭听。

实际上，判定油管网视频口碑如何的因素中，完播率比播放数量更加重要。

无论这个视频被多少人看过，如果观众的兴趣只能维持开头几秒便马上离开，这个视频就无法得到油管网运营团队的好评。无法获得好评，就会被判为没有人气，也就不会被推荐，广告单价也会大幅跌落。

我以油管网博主身份制作节目的过程中，经历了无数次试错改进。其中最有效果的是这种方法。

视频开头几分钟通过结论和画面背景，向观众提示，本视频能为观众带来哪些好处，这能最快唤起观众的兴趣，也方便观众理解视频的后续内容。

在组织说话内容时，一定要用这种方法向听众传达你的想法。

通过这样的方法，你就能抓住那种稍稍生出见异思迁之意，便容易因不耐烦而转向下一个内容的听众。这也是基于输出—输入—改进的"IOK高效循环"发明的方法。

也就是说，由"PREP法"进化成了"PMREP法"。

①Point：结论

②Merit＆Offer：告知对方能得到的收获

③Reason：原因

④Example：具体事例

⑤Point：以再次重复结论结束

用这个顺序与人交谈，更容易将自己的想法传达到位。例如，向别人介绍本书是什么样的书籍时，可以采用以下的方式。

①结论："本书是介绍一种名为高效工作法的新式工作方法的书。读了本书后，你能大幅度提升工作速度和成效。"

②优点或收获："实践高效工作法后，你能在3个月后更新履历，在3年后变得更富有不是梦。高效工作法能够助力你实现梦想。"

③理由："为什么高效工作法在短时间内能够提高成效呢？理由有两个。第一，掌握了在工作上专注一件事的能力。第二，输入—输出—改进的循环能够提高工作效率。加速这个循环，人就能快速成长。"

④具体事例："具体的操作有高效时间挑战法等，高效时间挑战法是……"

⑤结论："追求高效的新工作方法是当今时代的

需求。本书是其中的佼佼者。"

诸如此类。

"PREP法"或我原创的"PMREP法"只不过是一个"框架"，它可以套用一切表达内容，用这种方法说话，能够更方便地传达自己的想法。

这套技巧不仅可以用在解说展示上，也可以用在给上司的汇报及邮件等书面文件中，还可以用在日常会话中。

我指导员工说话，也是告诉他们要从结论说起，对于没有这个习惯的人可能比较难。之所以这么说，是因为日语是一种喜欢将结论放到最后说的语言，日本人的思维习惯也是倾向于最后说结论。

因为要强制性逆转这种思维方式，所以习惯比技术更重要。我们要有意识地去使用。

另一个建议是**开始谈话前，先在心中"说一遍结论"，然后再开始谈话**。于是，大脑会自动寻找关于结论的表达，谈话也能从结论开始了。

说了结论之后，谈话就会轻松一些，会自然而然地解释，为什么会得到这个结论，自然地加入一些具体事例进行解释。

这种方法不会浪费对方的时间。**要在商业竞争中生存下去，至少要保有"从结论开始切入话题"的意识。**

☑ 要想获得他人的信赖，就传递热情吧！

我之前谈及了用"PREP法"说话的重要性。即使是从结论开始切入话题，但如果结论对听众没有价值，那也是没有意义的。

无论说话技巧多么高超，都不一定能凭借语言打动"人心"。

倒不如技巧不那么高超，但是你能感觉到他在努力向你"传达想法"，这种方式更重要。

我创立了广告咨询公司，从创业开始一直是自己经营。

我同一名员工一起，我们两人从一间5畳①大的房间开始，到如今投资几百家公司，中间做过无数次解说展示。

_____

① 畳，传统日式房屋室内面积单位，也是榻榻米的计量单位。1畳约等于1.656平方米。——译者注

我们没有广告行业经验，也没有咨询业经验，跟门外汉一样投身入行，多次被拒之门外。然而，每次我们都会思考"还有哪些不足之处"，并且从未放弃"IOK高效循环"。

然后大约3个月过去，我们的第一个大项目也差不多要结项了。

"我决定交给上冈先生来做。"我的客户——一位社长在谈及选择我的理由时，这样说道。

"你对广告最富有工作热情，而且你很好地展示了你的热爱。因此，没有经验也没关系，我们决定把项目交给你。"

这笔大项目被委托给我这件事，最初带给我的不只喜悦，更多的还有感动。他们没有选择拥有5家分公司的大公司，以及其他同类公司，而是选择了看上去不那么专业但向所有人传递了"热情"的我们。

我到现在还仍然记得，那天夜里，我和那位员工一起在东京下町的居酒屋里喝美酒的情形。

我认为，在解说展示及会议等商务交流场合传递"热情"最为重要。"我现在对工作充满热情""我喜欢这份工作"，将这些内容用语言和态度直率地向客户展示出来。

听到的人必然会被打动的。因为绝大部分商界人士，不会把热情等词语挂在嘴上。

也许有人认为："自己的喜好与客户利益无关。"

但是，请大家回忆一下一线商界人士的日常吧。

我们是不是只靠"数字"和"事实"来判断事物呢？"数字"和"事实"当然重要。那是个大前提。但是，谁都能轻易地将事实进行比较，在重视这些事实的今天，如果我们做同样的事情是无法打动人心的。

所以，我认为热情地向他人传递自己的想法，是接下来的时代的商务活动中不可或缺的技能。

热情是不会说谎的。因为真的喜欢，就真能传递给他人、影响他人。因为喜欢，所以语言本身就可以传递这种热情。如果只是嘴上随便说说，也不会感动到别人吧。

☑ 谈话的诀窍在于要配合对方的节奏

不要只顾激情输出，无视听众自说自话。在面对面的谈话中，要注意"配合对方的节奏"。对方语速慢，自己就要放慢语速。对方情绪高昂，自己也要注意保持同样的节奏。

做到这一点，你会发现你和对方不管是音调还是感情方面，都意外地非常匹配。如果对方人数众多，那么只需配合对方中的关键人物即可。

这种叫作"协同效果"，在心理学上也得到过验证。协同是配合对方的呼吸及谈话速度、眨眼等节奏，来调整自己言行的一种交流技巧。

心理学的类似法则，有助于人们在短时间内快速消解对方的戒备心理，无意识地让对方对自己抱有好感。因为"人"以类聚，人们更喜欢与自己有共同点的、同类气场的人，所以节奏相近之人容易变成朋友。

配合呼吸的诀窍是，在对方讲话时，你吐息呼气，对话进行到一个阶段停顿时，你就吸气。因为谈话时，对方是在呼气吐息，所以用这种方法就能配合对方的呼吸节奏。

比这还简单的是，配合对方眨眼的节奏。对方眨眼，自己就眨眼。不断重复这一动作，自己就会逐渐习惯，也就能毫不费力地配合眨眼了。

呼吸节奏一致就能感到心情愉悦。就像有时在运动和娱乐等活动中，配合对方的气息，自己也会对对方产生好感一样。日语中的"气息（气场）相合"这个词，也许就来源于此吧。

但是，根本性的问题是，工作中没有热情的人怎么办呢？

可能听上去比较残酷，以毫无热情的状态继续如今的工作，人无法实现成长，继续实践高效工作法也很难。因为高效工作法是受你的热情激发运转的，所以热情可以结出高效的成果。

借此机会，建议你认真思考一下，你是否真心喜欢自己的工作。人生百年，无论何时都能开启自己的新挑战。

在逆境中发挥力量的高效工作法

☑ 靠"反向操作"来突破逆境吧！

我希望用高效工作法丰富过履历的人，一定去追寻更高的目标。**要成长到该领域的专家级别，就不能只是与其他人做同样的事情。必须意识到自己特有的优势，并去培养它。**

我在创业第 5 年遇到了雷曼事件。整个日本遭遇了经济下行，毫不意外地，我的公司资金客户都在逐步减少。

那时我想到的是股票投资中的"反向操作"这种方法。它是指股市上涨时卖出，股市下跌时买入，这种根据市场走向及人气，进行反向买卖的"进攻型投资法"。

而且，用股票来构建资产，重点就在于经济不景气时，计算需要承担多少风险才能积聚机遇。

因此，**我决定用"反向操作"充满朝气地积极前行！**

没有什么可以失去的了，我意识到现在就是机遇。于是，我不顾经济不景气的大环境，新招了5名员工。我用"反向操作"积极经营，致力于在此时开拓事业。

行动奏效了。

因为我果断勇敢地挑战了风险，我积极热情的工作态度影响了员工，包括那些新入职的员工，为了令公司存续下去，大家拼死努力支撑。

我还请求客户帮助我，同我一道共同克服困难。结果，我们一个接一个地完成了许多具有爆炸性效果的广告提案。

有一个名气很大的大型国际品牌的广告项目，我以某个主题在面向企业发行的内部刊物中发布它的广告，短短1个月，将广告辐射到了日本的一半人口，大约6000万人。

也就是说，我们在逆境时果断地"反向操作"，就极有可能冲出一条活路来。

逆境时才更需要在行动上，在内心中，实践"反向操作"，维持进攻型态势。积极地、向上地、充满朝气地投入工作，一定可以开辟出一条道路来。

第六章

为高效工作法注入
能量的生活习惯

CHAPTER 6 ————

进行遵循脑科学的有效运动，让大脑活跃起来

☑ 想锻炼大脑，就跳舞！

全力实践高效工作法的重点是，即使是在工作以外的日常生活中，也需要注意维持大脑和心理健康。在最后一章，我将向大家讲述具有脑科学依据的"大脑锻炼法"和"大脑休息法"。

我最推荐的是跳舞。大脑发展及精神障碍研究领域的脑科学专家约翰·梅狄纳建议人们，要锻炼大脑可以跳舞。

梅迪纳请了60岁到94岁的老年人参与实验，让他们在半年的时间里，每周去一趟舞蹈教室。最后发现，与不跳舞的对照组相比，跳舞的人大脑认知机能（思考能力、

记忆能力）提高了13%。舞蹈的种类有许多，如探戈、爵士、萨尔萨[①]等。只是，不要自己一个人跳，要和别人来一起跳。

之所以靠跳舞就能提高大脑机能，是因为跳舞是一种社交活动。你需要配合对方的动作，需要在这段时间想着舞伴，它有助于提高社交能力。

各种研究表明，越是在实际生活中社交能力强的人，认知机能越高。一项跨度为6年的、调查了1.5万人的记忆力降低率的研究表明，有社交活动的人的记忆力降低率，是没有社交活动的人的一半。

而且，**通过与他人交流，大脑的信息处理能力及工作记忆容量会提升。**工作记忆容量增加的话，就能处理更多工作任务，大脑也会渐渐地不易感到疲劳。

高效工作法往往成了孤独的战斗。所以，假日就去一趟社交舞蹈俱乐部，尽情愉悦地流汗吧。

---

① 萨尔萨一般指萨尔萨舞。萨尔萨舞是一种拉丁风格的舞蹈，其热情奔放的舞风不逊于伦巴、恰恰，但却比它们更容易入门。——编者注

☑ 开展高强度间歇训练（HIIT）吧！

最近，认为肌肉训练有助于调整精神状态的人越来越多。这在脑科学领域也是事实。

进行肌肉训练时，增加大脑突触的生长激素——脑源性神经营养因子（brain-derived neurotrophic factor, BDNF）活跃起来，促进生成雄激素睾酮。睾酮是产生干劲不可或缺的物质。

2017年，有人在前期相关研究成果的基础上，进行了肌肉训练与精神相关的综合性分析。**研究表明，肌肉训练会大幅改善健康人群的不安和压力，对不安患者和抑郁症患者也有一定程度的改善效果。**因为人们若能通过肌肉训练来增加突触，就能提升信息传递速度，也就对思考能力、记忆力及专注力的提升有所帮助。

只是，尽管知道肌肉训练很好，但也有些人认为积极性不够的话，开始肌肉训练的门槛会太高。然而，我们把视野稍稍拉远一点来看。人们感觉门槛高，是因为训练时间过长而变得懒懈怠了。**如果你听说肌肉训练只需要4分钟即可，你愿意为了高额回报而尝试一下吗？**

高强度间歇训练的一个具体实例展示

深蹲 20 秒

俯卧撑 20 秒

休息 10 秒

① ②

循环两次

休息 10 秒

休息 10 秒

④ ③

腹肌训练 20 秒

休息 10 秒

快速高抬腿 20 秒

这种方法叫作"高强度间歇训练"。

以"训练20秒歇10秒"的频率重复4种肌肉训练，循环2次。

训练模式虽有多种，但最容易上手的是"下蹲""俯卧撑""快速高抬腿""腹肌锻炼"吧。

在4分钟里沉浸式做高强度间歇训练，会大汗淋漓。

虽然浑身出汗湿透，但目标完成后，也会格外开心，能感觉到多巴胺充满了大脑。

我在这时一般会一边调整气息，放松身体，一边想象大量的多巴胺通过神经的突触。然后不可思议地，我的身心会放松下来，整个人变得积极向上。作为忙碌的商界人士，习惯一下这短短4分钟的高强度间歇训练怎么样？

☑ 挺直脊背走路，就会充满干劲

有人也许会想：哎呀，跳舞啊，肌肉训练啊，每天那么忙，哪有时间做这些啊！请这些朋友关注下面的内容。

那就是"不要低头走"。

我说的不是经典人气歌曲中的"昂首向前走，不让眼泪往下流"歌词那种，我指的是不管是走路还是坐着，"挺直脊背"可以对大脑产生好的影响。

哈佛大学社会心理学家艾米·卡迪的研究小组进行了以下实验。他们将人们分成挺直脊背组和驼背组，并分析了两组的唾液成分。结果显示，前者的睾酮增加了，而睾酮可以提高人的干劲和决断力。

再有就是，研究证明人挺直脊背的话，皮质醇（也被称为压力激素）的分泌会减少，对调整精神状态也很有帮助。**也就是说，人只要精神地挺胸收腹、挺直脊背，就能提升大脑机能。**

怎样能够保持良好的体态呢？我来教大家。下巴微抬，丹田用力，微微提臀，也就是保持挺胸收腹提臀的姿态，这样就能自然挺直脊背了。

在工作繁忙没时间的时候，或者艰难挣扎的时候，请你注意保持良好的体态。体态越好，做出正确决断的可能性就越高。

想让大脑保持健康，就要注意工作环境和饮食

☑ 在工作地点放置绿植有脑科学依据

谷歌和亚马逊等世界知名大型企业，都会在办公场所放置绿植。在办公室增加绿植，成了全世界的潮流，它实际上是有脑科学依据的。

比如说英国德比大学解析了871人的数据，发表了"人类与植物接触可以让副交感神经更为活跃"的研究结论。

德国马克斯·普朗克研究所[1]认为，"周边半径1千米被森林环绕的居民，他们大脑的扁桃体功能会比较稳定"。

---

[1] 马克斯·普朗克研究所是德国联邦和州政府支持的一个非营利性研究机构，其研究领域的成绩享誉世界。——编者注

　　大脑中的扁桃体是控制不安及愤怒等负面情感的部位。扁桃体功能稳定，就不容易滋生负面情感。

　　而且还有研究表明，城市里的统合失调症与不安障碍的发病率，比城市化不高的地区高56%。

　　只是居住在森林环绕的环境中对现在多数人来说不太现实。

　　正因为如此，在办公场所增加绿植就卓有成效。

　　"我没有那种权限！"说这种话的朋友，要不要先尝试一下在办公桌周围放置一些植物呢？花店应该有许多可以放置在桌上的观叶植物售卖。

　　节假日时，也请你务必去大自然里游玩赏乐一番。出门逛逛绿意盎然的公园，或者去爬山、郊游远足，又或者去溪流垂钓，都挺惬意的。

　　生活中偶尔有些日子，需要你把精神状态调到"0档"。引擎一直工作的话，车就容易出问题。人也一样。你在积极实践高效工作法时，回想一下第二章介绍的"5档"意识，在大自然中放松休息，好好调整，以迎接明日的挑战吧。

☑ 不要长时间坐在办公桌前！去咖啡馆！

我在下班前和中午犯困的时间中，有时候会去咖啡店做事。

转移到咖啡店工作，是因为我认为有两个理由，能够帮助我的大脑活跃起来。

走路、转移场所之类的行为，能让大脑的海马体区域存在的"位置神经细胞"活跃起来。位置神经细胞原本是记录自己所在位置的神经细胞，通过使其活跃起来，能够带动海马体活跃。海马机能提升，专注力和记忆力也会同时提升。

也就是说，**去咖啡馆能把我涣散的专注力的"档"再次调整理顺。**

在公司工作的朋友，也许不被允许在工作时间去咖啡馆。那你可以利用公司的会议室，或者其他碎片时间散散步，总之不要长时间在同样的地方停留太久，要去刺激你的位置神经细胞。

去咖啡馆的第二点理由是咖啡。

各类研究表明，咖啡里的咖啡因可以令人清醒。

许多证据也验证了它可以提高专注力、记忆力，增加多巴胺分泌，降低抑郁症风险等，对改善精神状态很有功效。

但是有些人天生对咖啡因的代谢较差，这样的人就不要勉强自己喝咖啡了。

然后，我还想强调的是，**咖啡不止可以喝，闻其香气也能起到提神醒脑的作用。**

首尔大学的研究团队用正常小白鼠和睡眠不足的小白鼠做实验发现，给它们闻了咖啡豆的香气后，睡眠不足的小白鼠减少的"守护大脑免于压力侵袭的分子"恢复了一部分。因此，人们认为或许咖啡的香气具有修复破损脑细胞的效果。

即使是不能喝咖啡的人，在弥漫着咖啡香气的咖啡馆工作的话，也会消解一些压力。

选择一家你中意的咖啡馆，借助"位置神经细胞"和"咖啡的香气"，尝试实践一下高效工作法吧。

以能量满满的姿态投入工作的休息方法

☑ 让大脑恢复的睡眠诀窍

我使用高效工作法分泌多巴胺的话，可以将沉浸式状态保持到晚上，有时会失眠。

如果不能熟睡，自律神经的平衡便会被打乱，从而可能引起精神上的问题。**为了翌日早晨便恢复100%的脑力水平，我们一定要提高睡眠质量。**

我教大家一种经过验证的科学有效的"快速睡眠诀窍"。实际上我原本有些失眠倾向，但学了这个方法后，睡眠质量就提高了。

提高睡眠质量的诀窍

①晚餐时间与就寝时间至少间隔2小时

理由是为了降血糖。保持高血糖值的状态入眠，就不容易分泌成长激素，影响大脑和身体细胞的修复，导致疲劳得不到消解。

②就寝90分钟前结束沐浴

人类入睡时深部体温会下降，从而使身体进入睡眠状态。因此，沐浴会重新唤醒机体功能，提高深部体温，随着90分钟后深部体温逐步降低，人便能顺利入睡了。洗澡水的温度是40摄氏度，若要泡澡，最好把时间控制在15分钟左右。

以上介绍了一些为高效工作法注入能量的生活习惯。

如果你觉得尝试（输出）后还可以的，就把它作为你的习惯保持下来吧。你知道了哪些有效的新方法、新信息（输入），就不要犹豫，大胆改进，并把它调整成符合自己的方法吧。

我期待着你实践高效工作法，让自己走上成功之路。

高效工作法成就了现在的我

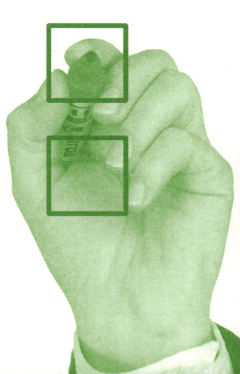

我采访了一些把高效工作法作为工作方法的朋友。

有些人把它用在职场中，用在做副业或创业时，用于资格考试和更新丰富职业履历时。

高效工作法到底该怎么用，用在哪儿，能催生出怎样的成果，需要你结合自身问题、自身需求，来参考使用。

A，35岁，男，从事信息技术相关产业
"从加班中解放，我也能匀出提升自己技能的时间了！"

我在一家开发健康保健类应用程序的公司工作。因为公司小，所以我的业务范围从新服务的企划、开发到营销，均有涉及。我每个工作日都要加班，有时节假日也要加班。下班时，我基本只能赶上末班车。

但是因为新冠肺炎疫情，我们开始了远程工作。我想改变自己的工作方法，就尝试了一下油管网上介绍的高效工作法。这种方法太棒了！我原本以为自己没有专注力，用了高效工作法后，就像开了挂一样，能够集中精力处理工作任务了。因为拥有了自由时间，所以现在我又有时间学习程序设计了。3个月前，我还认为自己的日子很

难熬，但是现在，**我实现了技能提升，我加班的次数减少了**。高效工作法让我的心态变得更为积极。感谢！

B，38岁，女，文员→社会保险劳务士①

"用了高效工作法，我考取了资格证书！短时间内成功创业！"

我在大学毕业后，进入社会保险劳务士事务所从事文员工作。最开始，我是想考取社会保险劳务士的，但结婚生孩子之后，我对达成目标的积极性下降，就一直在文员的职位上停滞不前了。

然而，我一时冲动，想着再拼一次，就又开始了备考。但我只能在带孩子和工作的间隙中学习，所以必须在短时间内看到成效。于是，我选择了高效工作法。**我处理日常业务的速度相比以往，发生了质的飞跃，我终于有时间翻开很久没看的参考书来"充电"（输入）了**。然后在

① 社会保险劳务士，简称社劳士。在日本，这种专业资格的持有者掌握人事与劳务相关的管理知识和相关法律，可以为企业提供经营效率化方面，以及劳务管理及社会保险相关方面的咨询、指导。——译者注

2021年，我终于通过了合格率只有6%的难度极大的考试！趁着这个势头，我也实现了独立创业。

高效工作法可以用于任何工作和学习场合，因此即使是创业后，我仍然在使用它。它真可以称得上我的商业伙伴。

C，42岁，男，广告公司员工→某公司创始人

"白手起家的梦想成真，我在第一年就赚取了超过预想的利润！"

我在大型广告公司工作。我的同期、后辈中的优秀之人，有很多自己创业成功了，而我虽然抱着创业的梦想，但仍浑浑噩噩地过着每一天。对于缺乏行动力的我来说，创业很难，于是我中途放弃了。此时，在晨学中我认识了上冈先生，我一直好奇他是怎么做到身为繁忙的商业人士，却能不断开拓新职业的。有一次我找到了向他请教的机会。令我感到震撼的是"ToDo清单会削减工作干劲"这番话，对此，我大为认同。

于是，我向他请教高效工作法的具体做法。**令人不敢相信的是，我对工作的积极性提升了。**我决定无论如何先开始行动，于是在去年辞职创立了公司。如今公司顺利赢

利，起步比想象中要好得多。高效工作法也是对提升干劲非常有帮助的一种"思维方式"。开启一项挑战前，了解一下它，只有好处，没有损失。

D，55岁，男，某贸易公司销售部门
"运用高效工作法之后，我更放松了，与下属的关系变好了！"

作为专业贸易公司的销售人员，我每天要经历很多商业谈判。听取顾客的需求，提出新企划提案，一天中的大半时间在外面跑业务，所以我只能在傍晚回到公司工作。此时很多下属会过来找我汇报工作，被打断工作时，我有好几次都发了脾气。

作为上司，我在寻找一种让我感到更轻松的工作方法，于是我遇到了高效工作法。我开始不以"多线任务"，而是以"单线任务"的思维方式推进工作。从此以后，我的工作速度获得了极大提升。而且，**在专注工作时，因为在其他时间段设置了与下属的交流时间，因此与他人的关系也变好了。**

我认为高效工作法对那些在行动力上缺乏自信的

二三十岁的年轻人，尤其是销售人员很有帮助。

E，28岁，男，制造业员工

"斜杠①履历的时代，想开始副业，就带上高效工作法跟上来吧！"

我这一代都认识到"公司没法对自己做出一生的承诺"，所以很多人在工作中注重提升自己的能力和拓展自己的价值。我认为人要做到像日本教育家藤原和博说的那样，至少拥有3个领域的职业经历。积累3种职业身份，未来失业的可能性会减少。我正在使用上冈先生的高效工作法，可以说它就是更新职业履历的秘籍。我2021年开始将做油管网博主作为自己的副业，在高效工作法的支持下，3个月后，我获得了成功。现在，我致力于获得更多的职业身份，丰富自己的履历，开始为成为游戏编剧而努力输出。对现在的工作方式抱有不安的人，这种方法可能是个机遇。我不会尝试对我的成长无用的方法。我会一生使用高效工作法，活到老，学到老。

---

① 指不再满足于专一职业的生活方式，选择多重职业和身份的多元生活的人群。——编者注

后记

就在前不久，我重逢了一位在我20岁出头时很照顾我的前辈，我们有20多年没见了。他现在是个在新加坡和日本经营知名饮食店的老板。

当时的我工作效率比谁都低，工作上给很多人添了麻烦。

但他帮助了我，大失形象地批评我到深夜，从头开始教我做事，教我商业精神。那样的他，还会偶尔看一下我的油管视频，用邮件联系我。

有幸与他重逢，我很高兴，我对他表达了感谢与歉意。

然后，他带着与当初相差无几的和蔼笑容，这样说道：

"给周围人添麻烦的你，最后获得了成功，真好！我觉得我当初的教导是有价值的。我在年轻时也被别人指点过、帮助过，才获得了今天的成功。我也感谢了他们。因此，我看到你这样的年轻人出现了，就决定要向他们报恩。衷心感谢你将这份感谢传递了下来。"

在社会中，每个人都需要跟别人打交道。

工作对你来说，应该不止意味着收入，还有成长的喜悦、梦想的实现等，它会给你带来沉甸甸的收获。

如果你还没有理解工作的真正意义，那就太可惜了。

我祝愿你以高效工作法为契机，为周围的上司和后辈、为家人做贡献，愿你被感谢包围，愿你有点拨和激励他人人生的能力。

衷心感谢你阅读本书。

诚心祈愿咱们今后能够相见。那时，请你也给我讲一讲，你是如何基于你的自身经验与需求改良这套高效工作法的。我很期待那一天。

我也期待着届时能够聆听你的精彩人生，以及你对周围人的感谢。